Manuela Brinkmann

Erfolgreiche Praxis-Tools

Professionelle Kommunikation mit NLP

Die Hard Facts der Soft Facts im beruflichen Alltag

Manuela Brinkmann

Erfolgreiche Praxis-Tools

Professionelle Kommunikation mit NLP

Mit einem Beitrag von Robert Dilts

Junfermann Verlag • Paderborn
2008

Coverfoto: © Liv Friis-Iarsen FOTOLIA.com
Covergestaltung: Christian Tschepp
Illustrationen: Matto

Satz: JUNFERMANN Druck & Service, Paderborn

Bibliografische Information der Deutschen Bibliothek

Die Deutsche Bibliothek verzeichnet diese Publikation in der Deutschen Nationalbibliografie; detaillierte bibliografische Daten sind im Internet über http://dnb.ddb.de abrufbar.

ISBN 978-3-87387-706-1

Inhalt

* Aus dem Amerikanischen übersetzt von Manuela Brinkmann und Johann B. Garnitschnig.

Einführung

Es ist soweit. Ich stelle Ihnen in diesem Buch die erfolgreichsten und nützlichsten NLP-Elemente aus meiner 20-jährigen Arbeit mit „Business-NLP" vor. Damit Sie sich möglichst schnell und gut orientieren können, folgen einige wichtige Ausgangspunkte zu diesem Buch.

Beim Schreiben dieses Buches wurde mir sehr schnell klar, dass ich nicht „alle Themen" ausbreiten kann. Sie finden also die Methoden, die meine Kunden am nützlichsten finden. Zudem sind die dargestellten Erfahrungen im Wesentlichen auf die von mir erfolgreich genutzten und selbst weiterentwickelten Techniken und Vorgehensweisen konzentriert.

Die schnelle und einfache Umsetzbarkeit des Gelernten in die Berufspraxis ist mir als Trainerin, Beraterin und Coach bei meiner Arbeit mit NLP besonders wichtig. Business-NLP soll den Teilnehmenden praktischen Nutzen für den Alltag bringen. Das ist notwendig, da der berufliche Alltag meiner Teilnehmer auch ohne ausgeprägtes Kommunikations-, Führungs-, Verkaufs- und Strategiewissen bereits mit vielen, komplexen Aufgaben ausgefüllt ist. Deshalb bin ich im Laufe meiner beruflichen Tätigkeit zurückhaltender mit dem Anspruch auf Veränderungen bei meinen Kunden und Klienten geworden. Gleichwohl kommen Teilnehmer oft genau zum richtigen Zeitpunkt für eine Erweiterung ihrer Erfahrungen, Erkenntnisse und Verhaltensweisen in ein Seminar oder Coaching. In diesen Situationen sind alle Beteiligten, nach wie vor und immer wieder, begeistert und erfreut, wie wirkungsvoll, schnell und nützlich NLP ist.

Wichtig ist mir beim Business-NLP der bewusste Umgang mit der Methode und den Inhalten. Ich möchte meine Teilnehmer nicht „bezaubern", „trancen" oder mit hypnotischen Sprachmustern „schwindelig reden", um ihnen „alles" zu verkaufen, sondern logisch verständliche und möglichst wissenschaftlich fundierte Informationen weitergeben. Sie sollen sich auf das Gelernte verlassen können, soweit das in unserer schnellen, lebendigen und veränderungsreichen Welt möglich ist.

Schließlich möchte ich Sie, liebe Leser, bitten, dieses Buch über Business-NLP als große Geschenkkiste zu betrachten: Sie können sich zum besseren Verständnis dessen eine große Sammlung Playmobilfiguren, Geräte, Häuser und Fahrzeuge aus verschiedenen Bereichen, wie der Ritterwelt, dem Bauernhof, dem Schloss, dem Aquarium oder der Feuerwehr, vorstellen. Darin sind die Werkzeuge oder Spielzeuge klar nach Themen sortiert und passen in Form, Design und Nutzung in besonderer Weise zum jeweiligen Thema. Gleichzeitig kann man aber die meisten Figuren und Geräte auch in allen anderen Spielwelten sinnvoll einsetzen.

Genauso ist es in den Kapiteln zwei bis vier dieses Buches. Die meisten NLP-Elemente lassen sich unisono in der Führung, für die Strategienentwicklung, im Verkauf, im Personalbereich und im Coaching einsetzen. In ihrem jeweils „eigenen" Themenfeld jedoch passen sie besonders gut.

Gelegentlich werden NLP-Techniken bewusst in mehr als einem Kapitel erwähnt, wenn sie in unterschiedlichen Bereichen verschieden genutzt werden. So sind beispielsweise die Werte für Führungskräfte eine ausgezeichnete Möglichkeit, sich mit der eigenen inneren Position und dem sich daraus ergebenden Führungsstil zu beschäftigen. Im Verkauf dagegen sind sie u.a. wichtig, um mit den Werten des Kunden für den Nutzen des Produktes oder der Dienstleistung zu argumentieren. Und:

- *Alle Übungen, Praxisbeispiele und Fallgeschichten sind kursiv gedruckt.*
- Am Schluss der Kapitel finden Sie eine Zusammenfassung der wichtigsten Punkte.
- Die männliche Sprachform beinhaltet der Einfachheit halber jeweils auch die weibliche.
- Gelegentlich finden Sie im Text ein „(fast) alle/jeder/immer". Dies steht dort, weil es zu jeder Aussage auch Ausnahmen gibt. Gleichwohl kenne ich in diesen Bereichen keine oder sie sind nicht erwähnenswert.

Ich wünsche Ihnen viel Freude, Inspiration und Nutzen beim Blättern, Überfliegen, Lesen und Anwenden dieses Buches. Ich freue mich auf Feedback wie auch auf Fragen, wenn Sie mögen ...

1. NLP im Business

1.1 Exzellente, zielgerichtete, professionelle Kommunikation ...

Dies ist wohl der wichtigste Aspekt des Neurolinguistischen Programmierens (NLP) im Business. Außerdem bietet es den unterschiedlichsten Anwendern hervorragende Strukturen und Denkmodelle für strategische Planungen, Zielsetzung, für Innovation, Entwicklung und in Veränderungsprozessen. Beim Business-Coaching schließlich kommen auch die eher therapeutisch orientierten Veränderungsformate zum Einsatz.

Interessanterweise – besonders im Hinblick auf Business-NLP – ist die Methode zeitgleich mit den immer noch wegweisenden, ganzheitlichen Unternehmensstrategiemodellen entwickelt worden. So hat sich unter anderem die St. Galler Wirtschaftuniversität damit bis heute einen hervorragenden Namen gemacht.

Aus meiner Sicht liegt dies sicher auch daran, dass die Zeit Mitte der 70er Jahre reif war für Klarheit und Struktur in sehr komplexen Zusammenhängen. So wie in den genannten beiden Bereichen, in denen es einerseits um das Leben und Erleben des Menschen sowie um zwischenmenschliche Kommunikation geht. Andererseits geht es in der Wirtschaft um Unternehmen als ganze Einheiten, ihre strategische Ausrichtung, die Führung, Entwicklung, Produktion, den Verkauf und die Personalentwicklung. Diese Nähe ist sicher ein wichtiger Grund für die langfristige und nachhaltige Nutzung des NLP im Business.

An ein Gespräch während meiner NLP-Ausbildung Mitte der 80er Jahre erinnere ich mich noch heute: *„NLP ist flüchtig. Es wird sich in anderen Methoden und Themen verlieren"*, meinte unser Ausbilder Thies Stahl. *„Nein, nein"*, fand ich in voller Begeisterung der Lernenden. *„NLP wird über lange Zeit erhalten bleiben, weil es eine außergewöhnliche Entwicklung ist."*

Heute finde ich, wir haben beide recht behalten. In vielen Seminaren und Coachings sind die Auftraggeber und Teilnehmer gar nicht daran interessiert, woher die einzelnen Trainingselemente kommen. Die Hauptsache ist, dass sie vernünftig, interessant und erfolgreich sind und beim Lernen Spaß machen. In manchen Unternehmen oder Trainingsorganisationen werde ich sogar ausdrücklich gebeten, NLP als Methode nicht zu erwähnen. Dies geschieht, wenn ich nur themenbezogen, z.B. Verkauf, trainieren soll oder wenn NLP im Unternehmen umstritten ist.

In anderen Firmen wird NLP ausdrücklich gewünscht, und zwar, weil es die Endscheider sehr gut finden oder weil den Teilnehmern etwas Besonderes geboten werden soll. Letzteres zeigt zudem, dass NLP auch mehr als 30 Jahre nach seiner Entwicklung durch Bandler und Grinder kaum an Nützlichkeit und Aktualität eingebüßt hat. In vielen Wirtschaftsschulen, Fachhochschulen und Universitäten gehört NLP in den Business-Studienfächern mittlerweile zum Lehrplan. Es ist also wirklich eine „große Sache" geworden.

Es gibt besonders bei der Business-Anwendung im NLP allerdings ein paar Punkte, die mit Vorsicht zu genießen sind: „Mit NLP und Modelling kann jeder alles erreichen!" – Im Prinzip ja, aber... – finde ich. Dieser Glaubenssatz sollte besonders in der Wirtschaft und wenn es um beruflichen und finanziellen Erfolg geht, mit einigen Ergänzungen versehen werden. Von welchem Ausgangspunkt startete die Modellperson und wo steht der Modellierer? Was hat er für eine Umgebung, welchen Familienhintergrund und welche Grundfähigkeiten und Einstellungen? Wenn man dann versuchen möchte, Bill Gates, Hillary Clinton oder Angela Merkel zu modellieren, um das Gleiche wie sie zu erreichen, wird die Aufgabe doch komplexer und für die meisten Menschen ist sie sogar sehr schwierig bis unmöglich. Auf jeden Fall wird das Ziel vor diesem Hintergrund entschieden anspruchsvoller, als es der oben angegebene NLP-Glaubenssatz im ersten Moment glauben macht.

Ein gutes NLP-internes Beispiel ist Anthony Robbins. Er ist eine, schon rein körperlich, wirklich „gigantische" Persönlichkeit und wahrscheinlich finanziell und hinsichtlich der Teilnehmerzahlen der erfolgreichste NLP-Trainer der Welt – zudem Autor von weltweiten Bestsellern wie „Grenzenlose Energie". Er motiviert seine Teilnehmer, sich außergewöhnliche Ziele zu setzen und sich an Modellen zu orientieren. Im Laufe der Zeit stellte er allerdings fest, dass eine Reihe Teilnehmer mehr brauchen als NLP, Großgruppe, Feuerlauf, eine motivierende Idee und Zielrichtung mit Plänen und Robbins` Erfolgsbeispiele, um in ihrem Leben Außergewöhnliches zu erreichen. Deshalb bietet er nun Coaching nach den Seminaren an, damit möglichst niemand zu unsanft aus dem Himmel der grenzenlosen Begeisterung über die Möglichkeiten auf die harte Erde der Umsetzungswirklichkeiten fällt. Viele Trainer haben ihn selbst modelliert und teilweise gute und erfolgreiche Arbeit dabei geleistet. Manche haben aber auch mit „Chakkas" oder einer zu riskanten Finanzierung NLP im Business und als Erfolgsmethode etwas zweifelhaft erscheinen lassen.

„NLP ist manipulativ!" Wie oft habe ich in Firmenkursen, im Coaching oder bei der Besprechung von NLP-Projekten diese Aussage diskutiert?

Erfahrenen NLP-Anwendern ist das Thema meist nicht mehr so wichtig: Sie wissen, dass gerade in der Business-Umgebung negative Manipulation schnell zu einem schlechten Ruf führen würde. Das können und wollen sich die wenigsten leisten. NLP hat sich als ausgesprochen gutes und nützliches Wissen für sehr viele Berufsgruppen und (fast) alle Menschen herausgestellt. Die NLP-immanente intensive Beschäftigung mit dem Gegenüber fördert außerdem das Verständnis für die Interessen des Partners.

Gleichwohl könnten unbewusst wirkende NLP-Elemente wie Pacing, hypnotische Sprachmuster und Ankern auch in unlauterer Absicht eingesetzt werden. Deshalb ist Vorsicht in Situationen, in denen es um viel Geld oder Macht geht, bei allen Beteiligten sinnvoll – mit oder ohne NLP.

Außerdem schwächen Begeisterung und andere intensive Gefühlszustände die Wahrnehmung. In allen NLP-Richtungen wird mit Motivation, Top-Zuständen und anderen meist positiven Gefühlen gearbeitet. Deshalb kommen sicher viele NLP-Trainer, Berater, Coaches und andere Anwender irgendwann mal mit etwas enttäuschten Teilnehmern in Kontakt, die „gefühlsmäßig" mehr erwartet haben. Deshalb sind Vorsicht, Respekt und Ethik beim NLP im Business so wichtig.

1.2 Das NLP-Sternmodell – eine Zusammenfassung

NLP, was ist das? Es ist das am besten beobachtete Wissen über zwischenmenschliche Kommunikation und unsere interne Kommunikation, das es bis heute gibt. Mit dieser Formulierung lässt sich NLP besonders im Business sehr kurz zusammenfassen. Damit ist aber noch nichts über die vielen einzelnen und doch miteinander wirkenden Elemente des NLP gesagt. Um „das Ganze" schnell und übersichtlich darzustellen, haben Markus Seeli und ich das NLP-Sternmodell entwickelt.

Die Zeichnung zeigt die fünf Bereiche des NLP. Im Folgenden werden die einzelnen Elemente kurz beschrieben und es wird ihre jeweilige Bedeutung für den umfassenden beruflichen und Lebens-Erfolg erläutert.

1.2.1 Zustand

Um ein befriedigendes und erfolgreiches Leben zu führen, müssen wir unseren eigenen körperlich-emotionalen Zustand erkennen und falls nötig bewusst positiv gestalten.

Außerdem achten Menschen, deren Kommunikation mit anderen gut oder sehr gut ist, nicht nur auf ihren Zustand, sondern sie beziehen den Zustand ihres Gesprächspartners bewusst oder „halbbewusst" in ihre Gesprächsführung mit ein. NLP betrachtet deshalb den Zustand, in dem sich eine Person befindet, als zentrales Element für eine positive Kommunikation, gute Arbeitsleistungen und den persönlichen Lebenserfolg insgesamt.

Die folgenden NLP-Elemente haben wir diesem Bereich zugeordnet:

- Beobachtbare Zustände
- Zustandsbalance
  - *Physiologie*
  - *Mentaler Fokus*
  - *Fragen: Morgen- und Abendfragen*
- Ankern eines Zustandes

Der Bereich Zustand ist auch das eine wichtige Standbein bzw. die Grundlage für NLP. Ohne einen guten bis sehr guten Zustand funktioniert beispielsweise der Rapport viel schlechter, weil man weniger Energie für die Aufmerksamkeit und das sich daraus ergebende Mitgehen mit einem oder mehreren Gesprächspartnern hat. Ist man gar in einem schlechten Zustand, zieht man die anderen entweder mit „runter" oder Gesprächspartner lassen sich nicht auf einen ein (pacen uns nicht). Dies gilt auch für alle anderen beruflichen und privaten Aktivitäten und Kontakte. Ohne einen guten Zustand „ist alles nichts".

1.2.2 Rapport

Um unsere Fähigkeit dahingehend zu fördern, mit unseren Mitmenschen einen guten Kontakt aufzubauen und zu erhalten, besitzt NLP eine ganze Anzahl von einfachen und höchst effektiven Strategien. Die wichtigste davon ist das Pacing. Es ist im Grunde eine ganz natürliche, biologisch vorprogrammierte, menschliche Verhaltensweise. Die Spiegelneuronen im Frontallappen unseres Großhirns „monitoren" ständig die Körpersprache unseres Gegenüber. Deshalb reicht es durchaus, seinen Gesprächspartner nur einigermaßen zu mögen oder zu akzeptieren und am jeweiligen Thema interessiert zu sein. Dann folgen wir automatisch und gerne dem, was unsere Spiegelneuronen uns an Bewegungen des oder der anderen zeigen. Es fühlt sich ja gut an, sich im Gespräch anzugleichen, und wir verstehen uns auch inhaltlich besser. – Die folgenden Stichworte gehören zum Gesamtthema Rapport:

- Pacing
  - *körperliches Pacing*
  - *sprachliches Pacing*
  - *Pacing von Stimmungen und Meinungen*
  - *natürliches Pacing*
- Kalibrieren
- Leading
- Separator
- Arten der Kommunikation
- das Präzisionsmodell

Der Rapportbereich ist auch das zweite wichtige „Standbein" des NLP. Ohne Rapport können wir die besten Absichten in einem Gespräch haben, eine hervorragende Präsentation machen oder ein ausgezeichnetes Angebot vorlegen. Trotzdem wird die andere Seite irgendwelche entscheidenden „Haare in der Suppe" finden. Ein Konsens ist so nur schwer möglich.

Mit gutem Rapport hingegen benötigen Besprechungen und Gemeinschaftsarbeiten weniger Zeit und man kann sich selbst bei Fehlern oder Missverständnissen viel besser und schneller einigen. Auch meine Kunden bestätigen mir immer wieder: „Mit Rapport läuft alles besser."

1.2.3 Wahrnehmung

Wie wir Dinge wahrnehmen, ist entscheidend dafür, welche Bedeutung wir ihnen beimessen und wie wir auf sie reagieren. Mit NLP-Kenntnissen erkennen wir, dass jeder Mensch seine individuellen Wahrnehmungsstrategien und seine ganz persönliche Erlebenswelt besitzt. So zeigt uns dieses Wissen auch auf, wie wir uns auf andere Menschen einstellen können, um mit ihnen positiv und vertrauensvoll zu kommunizieren.

Dies sind die Elemente, die man dem Bereich Wahrnehmung zuordnen kann:

- VAKO – die Ebenen der Wahrnehmung und des Denkens
  - *VAKO in der Sprache*
  - *VAKO-Augenbewegungen*
- Kalibrieren
- Submodalitäten
- Meta-Programme

Menschen, die diese Wahrnehmungselemente noch nicht kennen, sind im Seminar jedes Mal sehr interessiert und fasziniert davon. Allerdings sind sie im Bereich des Business-NLP nicht unmittelbar und teilweise nur selten nutzbar.

Nachdem ich die VAKO-Punkte in einem Pilottraining für Vertriebsingenieure von Siemens vermittelt hatte, war ihr Chef und mein Auftraggeber zwar sehr interessiert an der Information. Gleichwohl bat er mich, im Sinne der schwierigeren Umsetzbarkeit im Business-Alltag auf die ausführliche Vermittlung (VAKO-Begriffe sammeln, Texte mit VAKO formulieren und Analyse der VAKO-Typen aus der Sprache der Teilnehmer) zu verzichten. Den gestrafften Kurs habe ich viele Jahre lang zur allseitigen Begeisterung trainieren dürfen.

1.2.4 Change-Tools

Auf jedem Lebensweg gibt es immer wieder Herausforderungen und kritische Situationen, die unser aktives Engagement verlangen, um sie zu bewältigen. Deshalb ist es gut zu wissen, wie man Veränderungen in sich selbst und bei anderen schnell und gezielt erreichen kann. NLP bietet hier einen differenzierten „Werkzeugkasten“ an Techniken und Strategien, mit denen Veränderungen rasch und wirkungsvoll erreicht werden können. Deshalb finden Sie hier einige Elemente aus dieser Box, dem größeren der beiden Arme des Sternmodellmännchens:

- die sechs Schritte der Veränderung
- Verkettung von Ankern + Anker kollabieren
- New Behaviour Generator
- Swish + Radiertechnik
- Change History
- 6-Step Reframe + Framing
- Verhandlungsmodell
- Phobie-Technik
- Time Line
- Trance/Mentaltraining/ hypnotische Sprachmuster

Diese „Kleinode” und „Herzstücke” des klassischen NLP kommen meist nur in meinen Ausbildungsseminaren zum Zug. Das ist eigentlich klar, da Führungskräfte, Verkäufer, Unternehmensberater, Sachbearbeiter, IT-Spezialisten und selbst Personaler, Krankenhauspersonal oder Friseure eben doch keine Therapeuten oder Coaches sind. Diejenigen, die genauer wissen wollen, was NLP ihnen, ihrer beruflichen und privaten Umgebung bieten kann, besuchen deshalb meist eine offen ausgeschriebene NLP-Business-Ausbildung.

Firmenintern werden diese Ausbildungen selten organisiert. Gleichwohl sei das Beispiel einer schweizerischen Bank erwähnt. Dort wurde für eine Gruppe von Privatbankern eine komplette Business-Practitioner-Ausbildung durchgeführt. In diesem Umfeld sind Banker aufgrund ihrer anspruchsvollen Kunden nämlich auf außergewöhnliche Kommunikations- und Beratungsfähigkeiten angewiesen.

1.2.5 Integration

Berufliche und private Aufgaben, Leistungen, Fähigkeiten, Erfahrungen und Erfolge machen dann wirklich zufrieden und glücklich, wenn sie mit dem gesamten Rahmen der Persönlichkeit harmonieren. Die Persönlichkeit besteht im NLP-Sinne aus der Identität, der Vision, den Werten, Glaubenssätzen, Zielen, Fähigkeiten, dem Verhalten und den Einstellungen eines Menschen. NLP bietet Techniken und Konzepte an, wie man die verschiedenen Ebenen unserer Persönlichkeit mit unseren alltäglichen Aufgaben und Verhaltensweisen integriert und harmonisiert. – Nachfolgend finden Sie nun die wichtigsten Punkte zu diesem Bereich:

- die Grundmotivation des Menschen
  - *Entscheidungen*
- die logischen Ebenen
  - *Fähigkeiten*
  - *Ziele*
  - *Glaubenssätze*
  - *Werte*
  - *Identität*
  - *Vision*
- Modelling

Diese Aspekte des NLP lassen sich im Business hervorragend umsetzen. Deshalb behandelt jedes Kapitel dieses Buches gleich mehrere der Integrationselemente.

Selbstverständlich ließen sich manche Unterpunkte des gesamten NLP-Sternmodells auch anders zuordnen.

1.3 Was ist anders beim Business-NLP?

1.3.1 Die Sprache

Beim Business-NLP sind die Sprache und Wortwahl meist weniger NLP-fachbegriffslastig. Das gilt natürlich nicht in einer Business-NLP-Ausbildung. Dort lernen die Teilnehmer die üblichen Begriffe, damit sie sich mit anderen NLPlern angemessen und schnell „verständigen" können. Wenn hingegen NLP als Methode nicht erwähnt werden soll, ersetze ich fast alle NLP-Fachbegriffe durch andere Worte. Hier folgt eine kleine „Übersetzungsliste", wenn Sie bewusst auf NLP-Begrifflichkeiten verzichten möchten:

NLP – die Erkenntnisse der modernen Kommunikationsforschung
Programmieren – planen, durchdenken, innerlich verändern, üben
Rapport – guter Kontakt/richtige Wellenlänge/wahrgenommene Gleichheiten/natürliche Gemeinsamkeiten
Pacing – Angleichen/Gleichheit
Leading – Führen
Separator – Unterbrecher
Physiologie/n – beobachtbare Zustände/psychophysiologischer Gesamtzustand
Ressource – Zustandsbalance/7-10er Zustand auf einer Zustandsskala
Problemphysiologie – Problem/Problemzustand/ungünstiger Zustand/4er Zustand
Kalibrieren – Feinwahrnehmung des Zustands (eines Gesprächspartners)
Penetrance-Modell – richtig formulierte Ziele
New Behaviour Generator – mittelfristige Zielsetzung
Milton-Modell – Arten der Kommunikation
Reframing – in einen anderen Rahmen oder Zusammenhang setzen oder stellen
Meta-Programme – Denkvorlieben verschiedener Menschen
Score-Modell – 1., 2., 3. Position und Wahrnehmungspositionen als Überbegriff

Manche NLP-Begriffe „übersetze" ich nie, da sie für die meisten Teilnehmer schon „irgendwie" vertraut sind oder mir nichts „Gescheiteres" dazu eingefallen ist. Dies sind z. B. Ankern, VAKO, die Augenbewegungsmuster und das Präzisionsmodell. Andere NLP-Begriffe kommen in meinen Wirtschaftstrainings, außer in der Business-NLP-Ausbildung, so gut wie nie vor. Dies sind, wie gesagt, fast alle NLP-Interventionsmuster, die Submodalitäten und die Timeline als Modelle.

1.3.2 Andere berufs- und wirtschaftsorientierte Themen

Meine häufigsten Seminarthemen in der Wirtschaft, Industrie und Verwaltung sind Kommunikations-, Motivations-, Führungsverhaltens- und Verkaufstrainings sowie Strategieentwicklung für KMU. Weitere Themen sind Konfliktlösung, Teambuilding, Kreativitätstraining, Präsentationstechnik, Eigeninitiative, Gesprächsführungsseminare, Selbstmanagement, Telefonmarketing, Beziehungsmanagement für Key Accounts. Bei all diesen Themen kann NLP nützlich und gewinnbringend eingesetzt werden. Die Inhalte in solchen Schulungen konzentrieren sich auf einen erfolgreichen Berufsalltag. Dazu gehören die gute Zusammenarbeit mit Mitarbeitern und Vorgesetzten, das Überzeugen anderer von den eigenen Ideen oder Produkten bzw. Dienstleistungen, das Führen strukturierter Mitarbeitergespräche, das Erarbeiten von Ideen und Umsetzungsplänen sowie die Bereiche Selbsteinschätzung und -Management (statt -Erfahrung) und Verständnis für die Wünsche und Bedürfnisse anderer Menschen, wenn es um Konflikte oder Kunden geht.

Es gibt auch (relative) Tabuthemen und -Verhaltensweisen in Business-Trainings. Dazu gehören zu viele oder sanfte Berührungen, (zu viel) Augenschließen, Trancen oder Fantasiereisen, Weinen im Seminar (auch therapeutisch Sinnvolles), der Ausdruck intensiver Gefühle (außer Motivation oder Begeisterung), Esoterik und Spiritualität. Sensorisch genaue Gespräche über persönliche, intime oder starke Problemthemen passen ebenfalls nur selten in die Business-Umgebung. Dennoch gibt es natürlich Ausnahmen zu den gerade beschriebenen Punkten. Manche Auftraggeber wollen ausdrücklich etwas Besonderes oder Außergewöhnliches, wie Feuerlaufen beim Moderationstraining bei einer schweizerischen Bank oder einen Diskurs über morphogenetische Felder im Seminar für die Filialleiter einer Einzelhandelskette.

1.3.3 Mehr Ergebnis- und Erfolgsorientierung und weniger Phantasie und Emotionen

Was „super“ ankommt und von meinen Kunden immer wieder gerne genommen wird, sind einfache, im beruflichen Alltag schnell umsetzbare Techniken, Tipps und Methoden. Gut ausgearbeitete, klar strukturierte, methodisch abwechslungsreiche, informative und dynamische Seminarabläufe mit Humor und Inspiration mögen meine Teilnehmer und Auftraggeber. Business-Teilnehmer wollen glücklicher, schneller und erfolgreicher ihren beruflichen Alltag bewältigen und erleben. Neuere Themen, wie z.B. Gewaltfreie Kommunikation, EMDR und Wingwave sind hingegen erst dann gut zu integrieren, wenn sie nach einigen Jahren und allgemein positiver Einschätzung damit auf breites Interesse stoßen. In manchen Bereichen wie im Topmanagement, im Sport und in großen und internationalen Unternehmen trifft dies für die gerade genannten Methoden bereits zu. Im Bereich mittelständischer Unternehmen bekomme ich selbst bei sehr guten Kundenbeziehungen eher Absagen für diese ohne Zweifel hochinteressanten Themen.

Als ich vor Kurzem eine Auftraggeberin aus einer Trainings- und Beratungsorganisation für den Mittelstand fragte, welche neuen Themen es bei ihr gebe, meinte sie: „Neue Themen gibt es bei uns eigentlich fast nie. Es kommen nur immer wieder neue Generationen von Mitarbeitern und Führungskräften, um sich im Verkauf, Marketing, Führung, Finanzwesen, IT und so weiter ausbilden zu lassen." Diese Trainings- und Beratungsbereiche sind also eine sichere „Bank" für NLP im Business.

Falls Sie also entweder noch neu in der Führung, im Verkauf, im Personalbereich oder als Trainer sind, oder wenn Sie als Psychologe oder Pädagoge in der Wirtschaft mit NLP beginnen möchten, lohnt es gewiss, sich mit den obigen Punkten zu beschäftigen.

1.4 Zusammenfassung des ersten Kapitels

In diesem Kapitel geht es um die Frage „Was ist Business-NLP und wie unterscheidet es sich vom therapeutischen und allgemeinen NLP?“ Außerdem finden Sie hier eine Zusammenfassung des Business-NLP in Form eines Sternmodells mit den fünf Bereichen: Zustand, Rapport, Wahrnehmung, Change-Tools und Integration.

2. Wie führe ich meine Mitarbeiter mit NLP?

Im Grunde ist alles, was NLP an Wissen und Methoden zu bieten hat, für Führungskräfte interessant und nützlich. Gleichwohl werden in diesem Kapitel nur einige Themen beschrieben. Diese Themen werden in Führungskräfteseminaren häufig angewendet und sind schnell umsetzbar. Außerdem tauchen manche Elemente erst in einem späteren Kapitel auf, um Überschneidungen zu vermeiden.

Die NLP-Methoden aus dem Bereich Verkauf betreffen auch Führungskräfte, da sie ihre Ideen und Entscheidungen gegenüber Mitarbeitern oder den eigenen Chefs ebenfalls „verkaufen" müssen. Seltener jedoch brauchen Leader die tief greifenden Veränderungs-Tools, die in manchen Personalgesprächen sinnvoll sind und im Coaching sogar notwendig.

2.1 Das ZZG-Modell exzellenter Kommunikation und (Gesprächs-)Führung

Jede Führungs- und Gesprächssituation kann man mit Hilfe des folgenden Modells analysieren.

Dadurch erkennt man sehr schnell die Qualität der Situation. Stimmt der „gute Kontakt" zwischen den Partnern, kann man sich offen austauschen. Wenn auch der Zustand beider Parteien gut ist, beschleunigt dies den Austausch und hebt die Stimmung. Ist zudem auch das Ziel der Situation beiden klar und teilen sie es, ergibt sich eine sehr angenehme, konstruktive und erfolgreiche Zusammenarbeit.

Im umgekehrten Fall, wenn der Zustand, die Ziele und/oder der Kontakt schlecht oder unklar sind, verschlechtern sich die Kommunikation und die Zusammenarbeit. Deshalb ist das ZZG-Modell besonders in schwierigen Situationen so hilfreich. Man muss nur diese drei Elemente ins Auge fassen und findet die Ansatzpunkte zur Verbesserung der Kommunikation zwischen Personen, Teams, Abteilungen, Unternehmen oder Organisationen.

2.1.1 Die ZZG-Analyse

Hier sind nun ein paar Beispiele für die verschiedenen Situationen, in denen man dieses Modell nutzbringend anwenden kann. Außerdem finden Sie zu jedem Beispielbereich einige Stichworte zu den möglichen Unterpunkten des ZZG-Modells. Was bedeutet etwa der Zustand in Bezug auf eine Abteilung oder ein Unternehmen?

2.1.1.1 Zwischen einer Führungskraft und einem Mitarbeiter

Der Vertriebsleiter Born will seinem Mitarbeiter Zimmermann einen weiteren Kundenbereich übergeben. Bisher ist Herr Born sehr zufrieden mit Herrn Zimmermann, da Letzterer motiviert, einsatzfreudig und gut strukturiert an seine Aufgaben geht. Deshalb wundert sich Herr Born schon nach dem Übergabegespräch, dass Herr Zimmermann weniger konstruktiv und motiviert als sonst war. Nach einigen Wochen sieht sich Herr Born die Kontaktzahlen von Herrn Zimmermann besonders in Bezug auf die neue Kundengruppe an. Er stellt dabei fest, dass der normalerweise gute Verkäufer deutlich weniger Kontakte hergestellt hat – auch sind die Ergebnisse weniger erfolgreich als sonst.

Daraufhin macht Herr Born zunächst allein die ZZG-Analyse für Herrn Zimmermann. Er hatte sich erst vor einigen Tagen sehr offen und entspannt über ihr gemeinsames Hobby, das Mountainbikefahren, mit ihm unterhalten. Unabhängig davon ist das sprachliche und körpersprachliche Pacing zwischen ihnen beiden völlig in Ordnung. Deshalb gibt er dem „Guten Kontakt" zwischen ihnen beiden eine 90-Prozent-Bewertung.

Anschließend reflektiert er nochmals, ob er die Aufgaben und die „Ziele" gegenüber Herrn Zimmermann klar kommuniziert hat und ob das dem Mitarbeiter zur Verfügung gestellte Material ausreichend ist. Auch kann er die Frage, ob sein Mitarbeiter selbst mehr Umsatz machen möchte, klar mit Ja beantworten, da Herr Zimmermann momentan ein Haus baut. Das Thema „Zielklarheit" bekommt also ebenfalls einen hohen Prozentwert.

Nun geht es um den „Zustand" von Herrn Zimmermann. Da fällt Herrn Born auf, dass es gut möglich ist, dass der Hausbau und die geschäftlichen Aufgaben Herrn Zimmermann momentan an seine Leistungsgrenze gebracht haben könnten.

Im nächsten Gespräch greift Herr Born diese Analysepunkte mit Herrn Zimmermann auf. Der Chef hatte den richtigen „Riecher". Da die Ziele einvernehmlich sind und der Kontakt zwischen Führungskraft und Mitarbeiter gut ist, finden beide eine praktische Lösung, die Herrn Zimmermann genug Zeit zum Auftanken lässt. Und: Die Zahlen sprechen alsbald wieder die gewohnt positive Sprache.

In Bezug auf Einzelgespräche und entsprechende Eins-zu-Eins-Führungssituationen erklärt sich das ZZG-Modell fast von allein.

Zustand: *Sind beide Partner in ihrem subjektiven Bestzustand? Können und wollen sie „voll mitmachen"?*

Guter Kontakt: *Stimmt das Pacing? Gibt es gemeinsame Themen und Meinungen?*

Zielklarheit: *Sind die Ziele klar und werden sie vom Chef und Mitarbeiter gleichermaßen getragen?*

2.1.1.2 In einer Führungssituation mit mehreren Beteiligten

Wenn Sie die folgenden Fragen mit „Ja" beantworten können, fallen die Bewertungen in den Bereich 80-100 Prozent. Falls die Einschätzung in einem Bereich weniger gut ist, ziehen Sie entsprechend Prozentpunkte ab. Diese Prozentbewertung ist ohne Frage subjektiv. Sie soll zur Analyse dienen, aber nicht zur Leistungsbeurteilung benutzt werden.

Zustand: *Ist der Chef in seinem Bestzustand und bringt er dies zum Ausdruck? Gelingt es ihm, die Mitarbeiter meist in einem guten Zustand zu halten? Sind die Mitarbeiter von sich aus bestens motiviert und fit?*

Guter Kontakt: *Wie gut ist das körpersprachliche und Stimm-Pacing in Besprechungen bzw. bei Vorträgen? Gehen die Zuhörer mit dem Sprecher mit? Gibt es gemeinsame Aktivitäten und Hobbys außerhalb der Arbeitszeit?*

Zielklarheit: *Hat der Chef seine Ziele gegenüber seinen Mitarbeitern klar formuliert? Bezieht er sich bei Besprechungen immer wieder mal darauf? Haben die Mitarbeiter sich mit diesen Zielen einverstanden erklärt (erklären können)? Unterstützt der Chef etwaige Ziele der Mitarbeiter?*

2.1.1.3 Zwischen Teams oder Abteilungen

Auch und gerade in der Kooperation von größeren Einheiten kann die ZZG-Analyse rasch sehr nützliche Ansatzpunkte für eine noch bessere Zusammenarbeit erbringen. Da die Situation komplexer ist als zwischen zwei oder einigen wenigen Personen, ergeben sich auch umfangreichere Analysethemen und Fragen.

Zustand: *Wie viel Ressourcen in Form von Zeit, Material und Geld steht den Chefs und Mitarbeitern der beiden (oder mehreren) Teams zur Verfügung? Wie ist das Arbeitsklima? Wie motiviert und motivierend sind die Chefs? Gibt es andere Personen, die sehr motivie-*

rend oder demotivierend auf die gesamten Teams wirken? Haben die Teams genügend Zeit und Raum, um die Zusammenarbeit zwischen ihnen gut zu regeln?

Guter Kontakt: *Verstehen sich die Chefs gut? Wie ähnlich ist die (Macht-)Position der Chefs im Unternehmen? Haben Chefs und Mitarbeiter ähnliche/gleiche Ausbildungen? Wie viele teamübergreifende gute Beziehungen gibt es? Wie ähnlich ist die Kommunikation (verbal, Medien) und Teamkultur (gegenseitige berufliche, eventuell persönliche Unterstützung, Geburtstage, Feste ...) in den Teams?*

Zielklarheit: *Wie gut sind die Ziele der Teams gegenseitig (den Chefs, Mitarbeitern) bekannt? Inwieweit passen diese Ziele harmonisch zueinander oder beinhalten sie Konflikte? Wie gut lassen sich eventuelle gegenläufige Ziele durch Kompromisse lösen? Gibt es wichtige gemeinsame übergeordnete Ziele? Wie gut werden die verbindenden Ziele in den Teams kommuniziert?*

2.1.1.4 Zwischen Unternehmen und Organisationen

Die ZZG-Analyse zur Verbesserung der Kommunikation und Zusammenarbeit lässt sich überall anwenden. In der Kooperation zwischen Unternehmen, Organisationen, Parteien und gesellschaftlichen Gruppen bis hin zu Staaten kann sie schnell und übersichtlich Personen, Themen und Bereiche offenlegen, die Verbesserungen möglich machen. Als Kurzcheck ist die ZZG-Analyse auch bei Unternehmenskäufen und Zusammenlegungen von Organisationen sinnvoll.

Die Fragestellungen sind dabei in etwa die gleichen, wie bei der Analyse der Kooperation zwischen Teams und Abteilungen. Allerdings sind bei Unternehmen und Organisationen der Zustand, der Gute Kontakt und die Zielklarheit zwischen Entscheidungsträger und Chefs von deutlich größerer Bedeutung. Die Beziehungen der Mitarbeiter brauchen höchstens in zweiter Linie näher betrachtet zu werden. – Ergänzend zu den Fragen im vorherigen Abschnitt sind noch folgende Punkte abzugleichen:

Zustand: *Wie ist die finanzielle Situation der Unternehmen? Wie ist ihre Position im Markt? Wie qualifiziert sind die Mitarbeiter?*

Guter Kontakt: *Wie ähnlich ist die Größe (Umsatz + Ertrag, Anzahl Mitarbeiter)? Wie modern/traditionell sind die Unternehmen? Welche Gemeinsamkeiten gibt es in der Unternehmensgeschichte? Wie viele Gemeinsamkeiten gibt es in Bezug auf den/die Standort/e, Gebäudeeinrichtung, Nähe zueinander?*

Zielklarheit: *Wie gut unterstützten sich die mittel- und längerfristigen Ziele der Unternehmen gegenseitig?*

2.1.2 Das persönliche ZZG-Modell

Besonders für Führungskräfte ist eine ZZG-Analyse der eigenen Person interessant und richtungweisend. Sind Sie eher ein „Zustandsgenie", das (fast) immer mehr Kraft, Ausdauer, gute Laune und konstruktive Einstellung „versprüht" als die Kollegen und Mitarbeiter in Ihrer Umgebung? Sind Sie die visionäre Führungskraft, die (fast) immer schneller, genauer und weiter gedacht hat als die anderen? Und können Sie dies auch schriftlich und verbal argumentieren? Oder sind Sie eher der Chef, den (fast) jeder Kollege und Mitarbeiter mag und mit dem man gerne zusammenarbeitet, weil Sie wiederum (fast) alle Menschen mögen?

Im ersten Moment ist bezüglich des Modells erstaunlich, dass nicht jede Führungskraft in allen drei Bereichen exzellent ist. Nach meinen Beobachtungen in 20 Jahren Training, Beratung und Coaching haben tatsächlich nur relativ wenige außergewöhnlich gute, erfolgreiche Führungskräfte in allen drei Bereichen gleiche und große Fähigkeiten. Die meisten leistungsfähigen Verantwortungsträger haben ihre Fähigkeiten in einem oder zwei dieser Bereiche. – Wenn Sie es nicht schon beim Lesen getan haben, geben Sie sich doch jetzt spontan Ihre Selbsteinschätzung. Bitte betrachten oder spüren Sie dabei so gut wie möglich Ihre gesamte Person in allen Lebensbereichen:

- *Wie stark schätzen Sie Ihren persönlichen Zustand in einem Spektrum von 1 bis 100 Prozent ein?*
- *Wie gut sind Ihre Rapportfähigkeiten im Spektrum von 1 bis 100 Prozent?*
- *Wie groß ist Ihre Zielklarheit im Spektrum von 1 bis 100 Prozent?*

Nach dieser Einschätzung können Sie darüber reflektieren, wie Sie auch in Zukunft so gut bleiben können, wenn Sie sich in allen drei Bereichen nahezu oder ohne Abstriche 100 Prozent gegeben haben. Falls Sie in einem oder zwei oder auch drei Bereichen schwächer gepunktet haben, können Sie entweder einfach ganz zufrieden sein oder planen, wie Sie Ihre Stärken weiter ausbauen und/oder die schwächeren Bereiche verbessern können. Spätestens im Coaching-Kapitel dieses Buches finden Sie reichlich gute Tipps und Methoden dazu.

2.2 Zustandsbalance ergibt Charisma

Der Zustand oder im klassischen NLP gesprochen die momentane „Physiologie" ist auch in der Führung von Mitarbeitern ein sehr bedeutender Punkt. Exzellente Führungskräfte sind fast immer „Zustandsgenies". Sie achten oft auch darauf, dass die Menschen, mit denen sie zu tun haben, in einem guten Zustand sind. Aber das Wichtigste für eine charismatische Führungspersönlichkeit ist ein hervorragender eigener Zustand. Für Führungskräfte bedeutet das insbesondere körperliche und geistige Kondition. Wer dabei noch Humor und Freude mit Vernunft und Ernsthaftigkeit verbindet, kann in seiner Position viel leisten und gleichzeitig eine gute Arbeitsatmosphäre schaffen.

Im Folgenden geht es nun darum, wie man seinen persönlichen Zustand noch besser selbst in die Hand nehmen kann, um so glücklicher, gesünder, leistungsfähiger und erfolgreicher zu werden.

Effektvolle Zustandsbalance muss einfach sein und schnell funktionieren, denn wenn das Prozedere langsam und kompliziert wäre, hätte sie zu wenig positive Wirkungen im geschäftlichen Alltag. Es handelt sich um eine einfache Richtschnur, die jeder Führungskraft (natürlich auch jedem Menschen) mit sofort anwendbarem Wissen und Übungen hilft, schnell und bei regelmäßigem Tun auch langfristig eine höhere subjektive Lebenskraft zu erreichen. Hier ist die erste effektvolle Vereinfachung:

Es gibt in jedem Moment Ihres Lebens nur zwei Möglichkeiten, Ihren Zustand positiv zu beeinflussen:

1. Indem Sie sich in den körperlichen Zustand versetzen, in dem Sie gerne sein möchten, oder indem Sie den bestehenden Zustand zumindest verbessern.
2. Oder/und indem Sie Ihren mentalen Fokus auf etwas lenken, das Sie positiver stimmt.

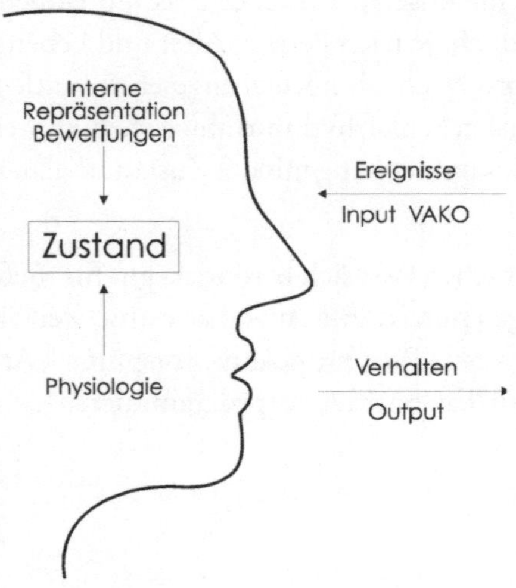

In einem Moment, in dem Sie nicht in dem Zustand sind, in dem Sie sein möchten oder müssen, brauchen Sie also in Zukunft nur einen der beiden Faktoren – Körper oder mentaler Fokus – zu verbessern oder beide Bereiche gleichzeitig.

2.2.1 Körperliche Zustandsbalance

Wenn Sie Ihren Zustand über Ihre Physiologie, Ihren Körper verändern wollen, dann gibt es dazu grundsätzlich die folgenden Möglichkeiten:

1. Bewegung

Offensichtlich haben unsere Bewegungen einen direkten Einfluss auf unseren emotionalen Zustand. Es ist fast unmöglich, sich nach einem fünf Kilometer langen Waldlauf nicht gut zu fühlen. Um in schlechter Stimmung zu sein, muss man seinen Körper in einer ganz bestimmten Art bewegen. Die Bewegungen müssen langsam und schleppend sein und die Körperhaltung eher gebeugt. Ohne diese typischen Bewegungsabläufe ist es – fast – unmöglich, in einen negativen Zustand zu kommen.

2. Atmung

Wie wir atmen, bestimmt ebenfalls ganz entscheidend, wie wir uns fühlen. Ist jemand in einem negativen Zustand, atmet er nur sehr flach und führt so seinem Körper wenig Sauerstoff und Energie zu. Ändert man seine Atmung, so ändert sich ziemlich direkt der körperliche und damit der emotionale Zustand, in dem man sich befindet.

3. Schlaf

Schlafen ist schön und Schlafen ist wichtig für unseren Zustand. Das individuelle Schlafbedürfnis ist allerdings sehr unterschiedlich. Je nach Person, Alter und Lebensstil können zwischen vier und acht Stunden pro Nacht als normal angesehen werden. Wenn Menschen nur einmal von ihrem normalen Schlafrhythmus abweichen, spüren die meisten es sofort in negativer Weise. Im Zusammenhang mit der Zustandsbalance sind dabei zwei Aspekte wichtig:

Die Zeit vor dem Einschlafen und beim Aufwachen lässt sich besonders gut für mentale und körperliche Zustandsbalance-Übungen nutzen. Am Abend ist es gut, weil Sie die Regenerationsphase und damit viele unbewusste Prozesse positiv „vorspüren". Am Morgen können Sie besonders gut den ganzen Tag positiv „vorprogrammieren".

4. Ernährung

Wie viel und was wir essen, bestimmt ebenfalls stark, wie wir uns fühlen. Zum Thema Ernährung, Diät und Fasten gibt es sehr viele interessante Informationen, Systeme und Untersuchungen. Für die Zustandsbalance gibt es hinsichtlich Ernährung folgende einfache und für jeden umsetzbare Grundregeln:

Es ist schwierig, positiv und dynamisch zu sein, wenn wir zu viel, zu schnell und/oder zu vieles durcheinander essen. Das raubt dem Körper viel Energie für aufwendige Verdauungsarbeiten: *Achten Sie drei Tage lang genau darauf, wie Sie sich durch die Nahrung fühlen, die Sie essen. Seien Sie ehrlich zu sich selbst und entscheiden Sie dann, durch welche Nahrungsmittel Sie in einen besseren Zustand gelangen.*

Das wichtigste Element für unsere Vitalität ist Wasser. Unser Körper besteht zu über 90 Prozent daraus. Deshalb brauchen wir viel Wasser und wasserreiche Nahrungsmittel. Etwa ab dem Alter von 35 Jahren verringert sich das natürliche Bedürfnis zu trinken, obwohl wir mehr Wasser für einen optimalen Zustand brauchen. Die Folgen davon sind zum Beispiel Müdigkeit und Kopfweh. Bewusst mehr Wasser trinken wirkt sich im Arbeitsalltag und am Abend danach sofort positiv aus.

Die Art körperlicher Zustandsbalance, die am schnellsten wirkt, ist die Atmung. Sie können es gleich jetzt beim Lesen ausprobieren: *Atmen Sie einfach fünfmal stark ein, halten Sie nach jedem Einatmen die Luft kurz an und atmen Sie kräftig wieder aus. Ja, probieren Sie es jetzt gleich aus, weil Zustandsbalance nur funktioniert, wenn man etwas tut. – Haben Sie die Atemübung nun gemacht? Wenn ja, fühlen Sie jetzt höchstwahrscheinlich einen deutlichen positiven Effekt.*

Körperliche Zustandsbalance durch die Atmung hat den Vorteil, dass man es sehr unauffällig und deshalb fast immer und überall machen kann. Selbst in Besprechungen und Verhandlungen kann man sich auf jeden Fall etwas aufrechter hinsetzen und ganz normal etwas tiefer atmen, um rein körperlich mehr Energie zu sammeln.

Die zweitschnellste Möglichkeit zur körperlichen Zustandsbalance bietet die Bewegung. Jede Bewegung bewirkt vitalisierende Impulse in unserem Körper. Etwas mehr oder besser bewegen kann man sich fast immer und überall – vielfältig und schnell.

Deshalb ist die Bewegung der „Königsweg" für die körperliche Zustandsbalance.

2.2.2 Mentale Zustandsbalance

Die mentale Zustandsbalance ist der zweite Teil der effektvollen Vereinfachung. Der momentane Zustand entsteht einerseits durch das körperliche Befinden und andererseits durch unsere Bewertungen, Gedanken und, ganz präzise gesagt, durch unseren mentalen Fokus.

2.2.2.1 Der mentale Fokus

Dieser Fokus ist das, worauf Sie gerade Ihre Gedanken richten und wie Sie das tun. Allgemeiner formuliert: Worüber denkt jemand nach und wie denkt er darüber nach?

Ein Beispiel, an dem der mentale Fokus und seine Wirkung verblüffend dargestellt und erlebt werden können, zeigt sich für die meisten Menschen beim Kauf eines Autos: Erinnern Sie sich bitte an eine Situation, in der Sie sich ein neues Fahrzeug angeschafft haben. Wenn man es gerade bekommen hat, erlebt man scheinbar eine „wundersame Autovermehrung". Überall begegnet einem plötzlich ein weiteres Exemplar des Fahrzeugtyps, den man gerade gekauft hat. Sogar die Farbe ist identisch ...

Diese scheinbare Sinnestäuschung macht die Wirkung unseres mentalen Fokus eindrücklich klar. Unser mentaler Fokus bestimmt unsere Wirklichkeit. Oder anders gesagt: Das, was wir als die wahre Realität ansehen, ist nichts weiter als die Auswahl, die unser mentaler Fokus aus einer endlosen Anzahl möglicher äußerer und innerer Dinge und Abläufe trifft.

Noch faszinierender wird es, wenn man sich verdeutlicht, dass der Effekt des mentalen Fokus ja ständig auf uns wirkt. Das merken wir allerdings normalerweise nicht bewusst. Deshalb halten wir unsere Beobachtungen, Ansichten, Meinungen, Erfahrungen und Gefühle keineswegs für potentielle oder tatsächliche Sinnestäuschungen oder Verdrehungen, sondern wir halten sie für wahr und real.

Viel näher an der Wirklichkeit ist jedoch, dass wir uns aus der endlosen Vielzahl von möglichen inneren und äußeren Wahrnehmungen in jedem Moment nur einige wenige auswählen und *uns daraus unsere ganz persönliche Realität schaffen.* Ob jedoch diese Realität glücklich oder traurig, stabil oder in Bewegung, erfolgreich oder armselig, zufrieden oder ruhelos oder vieles andere ist, hängt – letztendlich – von uns selber ab. Dieses Wissen vollständig zu verinnerlichen und zudem entsprechend Verantwortung für das eigene Denken, Fühlen und schließlich auch Handeln zu tragen, fällt oft schwer. Deshalb sind Führungskräfte, die körperliche und/oder mentale „Zustandsgenies" sind, nicht die Regel. Gleichzeitig sind die, die (fast) immer in ihrem individuellen Bestzustand sind, besonders langfristig erfolgreicher als die, die das nicht schaffen.

Die einfachste Methode, den eigenen mentalen Fokus auch längerfristig und von innen her zu beeinflussen, funktioniert über Frageübungen.

2.2.2.2 Fragen lenken den „Lebenslauf"

Das folgende Modell nenne ich „den Lebenslauf".

Der Mentale Fokus lenkt die Gedanken und Gefühle. **Diese lenken das eigene Verhalten.** **Das wiederum lenkt unser Leben.**
Was lenkt den mentalen Fokus am besten? **Fragen lenken den mentalen Fokus!**

Noch einen Schritt präziser ausgedrückt, heißt das wiederum: Die Qualität der Fragen, die Sie sich regelmäßig stellen, bestimmt Ihr Leben und dessen Qualität. Deshalb ist es für Menschen mit Führungsverantwortung von Wichtigkeit, die Qualität der Fragen zu überprüfen und/oder zu verbessern, die sie sich stellen.

Können Sie sich an eine Zeit erinnern, in der es Ihnen bei, wenn Sie ehrlich sind, etwa gleichen äußeren Bedingungen, subjektiv merklich besser oder schlechter ging als zurzeit? – Die meisten Menschen kennen das. Wenn Sie dieses Phänomen kennen, dann überlegen Sie nun einfach, mit welchen Fragen Sie sich in dieser Zeit vorwiegend beschäftigt haben.

Wenn es Ihnen damals besser ging als jetzt, dann haben Sie sich auch mit besseren Fragen beschäftigt, und wenn es ihnen schlechter ging als heute, haben Sie sich mit Sicherheit auch negativere Fragen gestellt.

Morgen- und Abendfragen

Die folgenden Fragen sind besonders dazu geeignet, sich regelmäßig in einen guten Zustand zu versetzen. Stellen Sie sich diese Fragen jeden Morgen, bevor Sie aufstehen, wie auch jeden Abend vor dem Zubettgehen. Durch diese einfache Übung werden Sie sich zunächst unabhängig von Ihrer Führungs- oder Lebenssituation besser fühlen. Später werden Sie bemerken, dass Sie aktiv Ihre Aufgaben und Situationen verbessern, weil Sie nun konstruktiver denken und handeln.

Morgenfragen

1. *Worüber bin ich zurzeit in meinem Leben am glücklichsten? Was daran macht mich glücklich? Und wie fühlt sich das an?*

2. *Was begeistert mich zurzeit am meisten in meinem Leben? Was daran begeistert mich? Und wie fühlt sich das an?*
3. *Worauf bin ich zurzeit in meinem Leben am meisten stolz? Was daran macht mich stolz? Und wie fühlt sich das an?*
4. *Wofür bin ich zurzeit in meinem Leben am meisten dankbar? Was daran macht mich dankbar? Und wie fühlt sich das an?*
5. *Worüber freue ich mich zurzeit in meinem Leben am meisten? Was daran erfreut mich? Und wie fühlt sich das an?*
6. *Wofür setze ich mich zurzeit in meinem Leben voll ein? Was daran motiviert mich, mich dafür einzusetzen? Und wie fühlt sich das an?*
7. *Wen liebe ich und wer liebt mich? Was gibt mir dieses liebevolle Gefühl? Und wie fühlt sich das an?*

Abendfragen

Diese Fragen dienen dazu, den Tag vor dem Einschlafen positiv und konstruktiv abzuschließen:

1. *Was habe ich heute gegeben? Auf welche Weise war ich heute eine gebende Person?*
2. *Was habe ich heute gelernt?*
3. *Wie hat der heutige Tag die Qualität meines Lebens verbessert? Wie kann ich den heutigen Tag als eine Investition in mein Leben nutzen?*

2.2.2.3 Schwierige Situationen – positiver Fokus

Eine weitere einfache und in schwierigen Führungssituationen sehr nützliche Technik ist es, sich auf einen, maximal zwei starke, individuell wahre, positive Aspekte an dieser Herausforderung zu konzentrieren. Beispiel:

Eine junge Personalchefin, Frau Maier, wurde von ihrem Chef, Herrn Müller, aufgefordert, eine Gruppe von ausländischen Produktionsmitarbeitern bereits einige Tage, bevor diese die nötige Bewilligung dazu hatten, arbeiten zu lassen. Dass Frau Maier ihre Position erst vor kurzer Zeit angetreten hatte, machte die Situation nicht leichter. Sie wusste nicht, wie ihr Chef reagieren würde, wenn sie, wie sie beschlossen hatte, die Unterschrift dazu verweigern würde. Sie konzentrierte sich bei der Besprechung mit ihrem Chef auf einen positiven Zielpunkt. Sie wollte sich, Ihren Chef und die zukünftigen Mitarbeiter vor einer möglichen Strafe schützen. Sie ließ sich von diesem schließlich auch für ihren Chef verständlichen Ziel durch kein Argument abbringen. Bis Herr Müller diesen Entschluss ohne negative Konsequenzen für sie akzeptierte.

Übung: Bevor man sich in das Gespräch begibt, überlegt man sich in einem ruhigen Moment: „Welchen ehrlichen, positiven Fokus habe ich in dieser Situation, der stärker und wichtiger ist als die zu erwartenden Schwierigkeiten?" Schreiben Sie dies bitte auf. Das klärt und „festigt" den Gedanken. Auch ein gutes, gelassenes, frohes Gefühl muss mit diesem Gedanken verbunden sein. – Im Gespräch konzentriert man sich in dem Moment immer wieder schnell auf diesen einen Fokus, wo es kritisch oder emotional zu werden droht. Selbst wenn der Gesprächspartner unruhig, aufgebracht oder frustriert ist, spürt er nach einigen Wiederholungen die Gelassenheit und Stärke, die man ausstrahlt. Deshalb wird er sich in der Regel schließlich beruhigen oder überzeugen lassen. Voraussetzung ist allerdings, dass die Richtung, in die der Gesprächsführer steuert, eine Win-Win-Situation oder wenigstens akzeptabel für den Geführten ist.

Wie das Beispiel zeigt, kann die Führung natürlich auch von unten (Mitarbeiter) nach oben (Chef) laufen.

2.3 Das Geheimnis des guten Kontaktes

Der gute Kontakt zwischen einer Führungskraft und seinen Mitarbeitern und Kollegen ist das zweite wichtige Element im ZZG-Modell und in der Führungskommunikation. Exzellente Leader sind, wenn sie ihre Führungsrolle wahrnehmen, jederzeit in der Lage, gedanklich, körpersprachlich und/oder emotional mit ihren Mitarbeitern mitzugehen. Das klappt besonders dann, wenn die Zielklarheit und der Zustand der Führungskraft so gut sind, dass sie mit Energie und überzeugenden Argumenten die Führungsrolle behalten kann. Falls ihr das nicht gelingt, kann ein oft „pacender" Chef auch als führungsschwach wahrgenommen werden.

Weiterhin kann der Chef in einem modernen Unternehmen mit gut ausgebildeten Mitarbeitern Entscheidungen auch dem Team überlassen. Gleichwohl haben Menschen den Wunsch, innerhalb einer Hierarchie auch tatsächlich geführt zu werden. Zufrieden sind die meisten Mitarbeiter mit ihrem Chef aber nur, wenn er mindestens gleichgut oder möglichst etwas besser ist als sie selbst. In diesem Fall ist ein Chef, der seine Mitarbeiter paced, noch besser, als wenn er davon ausgeht, dass dies die Aufgabe seiner Mitarbeiter ihm gegenüber sei. Einerseits erfährt der Chef so viel mehr von den wahren Ansichten seiner Mitarbeiter, wodurch er sich sicherer auf sie verlassen kann. Zweitens bewirkt er so eine bessere Stimmung und sorgt für mehr Motivation bei der Zusammenarbeit im ganzen Arbeitsteam. Drittens sind Mitarbeiter in der Regel von einem Chef, der in ihren Augen sowohl geschäftlich gut ist (Zielklarheit), viel Energie (Zustand) hat und noch deutlich auf seine Mitarbeiter eingeht (guter Kontakt), besonders beeindruckt. Sie stehen gerne hinter ihm und seinen Entscheidungen und setzen sie möglichst gut um.

In einer gemeinsamen Präsentation und Besprechung in einer Stadtverwaltung wurde entschieden, ob eine bestimmte Seminarmaßnahme mit mir durchgeführt werden sollte. Der Leiter der Verwaltung, Herr Wagner, hatte sich grundsätzlich bereits dafür entschieden. Er wollte aber seine nächste Führungsebene, die gleichzeitig die Teilnehmer der Schulung sein sollten, mit an der Auswahl beteiligen. Deshalb stellte ich die Inhalte und Methoden allen vor. Danach bat Herr Wagner seine Mitarbeiter um Stellungnahmen und Fragen. Alle waren schnell einverstanden, die Maßnahme mit mir durchzuführen. Dennoch forderte der Chef seine Mitarbeiter noch mal auf: „Jetzt ist die letzte Gelegenheit, vor unserer Entscheidung auch kritische Fragen zu stellen. Bitte, stellt sie jetzt, wenn es etwas gibt." Da Herr Wagner ein starker Chef (Zielklarheit und Zustand) war, konnte er sich genau in seine Mitarbeiter hineinversetzen (guter Kontakt). Dadurch war ihm klar, dass sie gerne schnell „Ja" zu seinen Entscheidungen sagen und es gleichwohl noch offene Fragen geben könnte. Die dem Aufruf folgenden zwei Fragen haben wir schnell geklärt und es wurde eine überaus angenehme und erfolgreiche Zusammenarbeit.

2.3.1 Das ureinzige Geheimnis ...

Das ureinzige Geheimnis des guten Kontaktes zwischen Menschen ist die wahrgenommene Gleichheit oder sind die natürlichen Gemeinsamkeiten zwischen ihnen. Dieses Prinzip trifft für alle Menschen auf der Welt zu.

Der gute Kontakt zwischen uns und anderen Menschen wird stärker, wenn wir uns auf die Gemeinsamkeiten zwischen uns fokussieren. Je ähnlicher wir uns fühlen, desto besser wird das Vertrauen zwischen uns. Die wahrgenommene Gleichheit ist dabei ein wichtiger Punkt. Denn im Grunde haben wir mit allen Menschen viel mehr Gemeinsamkeiten als Unterschiede. Das betrifft den Körper und seine Bedürfnisse, unsere Lebenswünsche und Ziele, Erfahrungen, Werte und vieles mehr. Dagegen sind die Unterschiede genau betrachtet geringer.

Körpersprache, Stimme und Wortwahl sind die Punkte, die in jeder (Führungs-)Situation offenkundig und unmittelbar wahrnehmbar sind. Da die Fähigkeit, die Körpersprache und den Ausdruck anderer Menschen zu erkennen und zu verstehen zudem überlebensnotwendige Grundfähigkeiten sind, sind diese Elemente für Führungskräfte so interessant.

Die Beobachtung von Bandler und Grinder, dass Personen, die exzellent mit anderen kommunizieren, die obigen Punkte an die Verhaltensweisen ihres Gesprächspartners angleichen, wurde in den 90er Jahren durch physiologische Erkenntnisse untermauert. Man stellte fest, dass Menschen im Frontallappen des Großhirns sogenannte Spiegelneuronen besitzen. Diese „monitoren" permanent, welche Bewegungen auch feinster Art wir bei anderen Menschen beobachten. Jeder Mensch ist also bestens ausgerüstet, andere Menschen „pacen" zu können.

Sehr genaues Pacen bei gleichzeitig gutem, entspanntem Zustand führt zwischen zwei Menschen zu ausgesprochen geschätzten (Liebes-)Gefühlen. Verliebte gleichen sich selbst im Bereich Atmung, Herzschlag und Wärmeverteilung im Körper einander an. Im geschäftlichen Bereich wollen, können und dürfen wir nicht so weit gehen. Sonst begegnen wir mit Sicherheit vielen schwierigen Situationen. Deshalb ist das Pacing in der geschäftlichen Praxis und für Führungskräfte etwas anders geartet als im Privatbereich oder in der Therapie.

2.3.2 Pacing in der beruflichen Praxis

Einerseits empfiehlt es sich für Chefs, wenn sie „stark" genug sind, ihre Mitarbeiter, Kollegen, eigenen Chefs und Geschäftspartner möglichst oft zu pacen. So entstehen ein gutes Verständnis und Freundlichkeit im Alltag. Die folgenden Punkte reichen für das körpersprachliche und stimmliche Pacing in Führungssituationen aus. Bitte angleichen:

- *die Haltung der Wirbelsäule inklusive Kopf;*
- *den Bewegungsrhythmus und die -geschwindigkeit;*
- *die Gestik, aber nicht gleichzeitig, sondern meist zeitversetzt (außer in einem „italienischen" Gespräch)*
- *das Lächeln oder den ernsten Gesichtsausdruck;*
- *die Mimik insgesamt (wenn es Ihnen leichtfällt);*
- *die Lautstärke;*
- *die Sprechgeschwindigkeit;*
- *die Tonhöhe oder Tiefe;*
- *die Melodie (wenn es Ihnen leichtfällt).*

Diese Punkte sind in Face-to-Face-Gesprächen wichtiger als der Dialekt und die genaue Wortwahl. Bedenken Sie in diesem Zusammenhang, dass wir uns ca.

- nur 7 Prozent der in einem Gespräch gesagten Worte merken, aber
- 38 Prozent des Tonfalls und der Stimme und gewaltige
- 55 Prozent der Körpersprache unseres Gegenübers.

Wir verstehen uns mit anderen Menschen also weniger über den sprachlichen Inhalt als vielmehr über den Ausdruck und die Gefühle, die sich über die Stimme und die Körpersprache vermitteln.

Mit der Umsetzung dieser Informationen können Sie:

- *einen guten Kontakt in 30 Sekunden mit (fast) jedermann aufnehmen (indem Sie sofort pacen),*
- *subtile Signale von Gemeinsamkeit übermitteln (Partner fühlt sich wohl und verstanden, wenn Sie mitgehen),*
- *Ihre Flexibilität in Ihrer Kommunikation erhöhen (Sie verstehen Partner besser und gehen genauer auf sie ein),*
- *Vertrauen so schnell wie möglich herstellen (wenn es keine Gründe für Misstrauen gibt),*
- *unauffällig testen, ob eine gute „Wellenlänge" aufgebaut ist (indem Sie beobachten, ob Ihr Partner Ihren geänderten Bewegungen folgt),*
- *bei Gesprächen/Verhandlungen schneller auf den Punkt kommen (wenn der gute Kontakt und das Vertrauen bestehen), und schließlich*
- *erkennen, wann Sie die andere Person überzeugt haben (wenn sie „weiterpaced" und Ihre Position/Meinung bejaht).*

Die besonders detaillierten Pacing-Elemente, wie ganz exaktes Spiegeln bis in die Mimik, Finger- und Fußspitzen sowie das Pacen der Atmung sind in der Regel für Führungskräfte wenig nützlich, es sei denn in außergewöhnlichen Coachings oder Verhandlungssituationen.

Wenn ein Mitarbeiter wegen einer Kündigung oder ernsten Kritik förmlich zusammenbricht, kann es sinnvoll sein, dass der Chef seine ganze menschliche Zuwendung gibt, um die Situation zu erleichtern. Dabei entsteht oft automatisch ein ganz genaues Pacing.

Eine andere Situation berichtete ein NLP-Ausbildungsteilnehmer. Er, Herr Koch, war in einer Verkaufsverhandlung mit mehreren Vertretern der eigenen und der Kundenfirma. Er wusste aus früheren Treffen, dass ein Mitarbeiter der Kundenfirma, Herr Bäcker, oft genau in dem Moment, in dem alles geklärt war, nachträglich noch diverse Vorbehalte zur Sprache brachte. Deshalb setzte er sich dieses Mal neben Herrn Bäcker und begann von Anfang an, dessen Atemfrequenz zu pacen. Dadurch fühlte Herr Bäcker sich sehr wohl, ohne zu wissen warum. In dem Moment, indem er, wie sonst mit einer für Herrn Koch störenden Bemerkung ins Gespräch eingriff, beendete Herr Koch das Angleichen an die Atmung von Herrn Bäcker. Dadurch schwächte sich das gute Gefühl bei Herrn Bäcker ab. Da ihm die Situation nicht bewusst war, reagierte er „automatisch" oder gefühlsmäßig und stellte seine Bemerkungen ein. Für Herrn Koch und eventuell auch für die gesamte Situation war dies sehr nützlich und sinnvoll, da die Vorbehalte von Herrn Bäcker die Besprechung nur unnötig verlängerten. Gleichwohl ist dies sicher ein Beispiel, bei dem man länger über den Sinn und die Ethik des unbewusst angewendeten NLP nachdenken und diskutieren könnte und sollte.

Dies ist ein weiterer Grund, weshalb meiner Ansicht nach die „fine getuneten" Pacing-Elemente in sehr partnerbezogene Kontexte gehören und nicht in die „normale" Business-Umgebung.

2.3.3 Der gute Kontakt über die Sprache

Dieser Bereich ist, trotz der oben gemachten Einschränkungen, besonders für den Einsatz in der Führung geeignet. Ein Chef, der verbal gut auf seine Mitarbeiter eingeht und sie, wenn es nötig oder sinnvoll ist, gut überzeugen kann, ist als Leader am richtigen Ort. Wenn er dabei einen guten Zustand hat und hohe Zielklarheit, gilt dies umso mehr.

Falls Sie das sprachliche Pacing nur ungenügend beherrschen, lohnt sich hier das intensive Üben wie beim Thema Zustand. – Doch wie geht man dabei vor? Indem wir unsere Wortwahl, Sprechweise und den Wahrnehmungsbereich auf den unseres Gesprächspartners einstellen, erzeugen wir eine größere Ähnlichkeit, die automatisch zu einem besseren Kontakt führt. Elemente, die Sie angleichen können, sind z.B.:

- Schlüsselworte,
- visuelle, auditive, kinästhetische, olfaktorische und/oder gustatorische Wortwahl,
- sensorisch genaue, Fluff- oder Megafluff-Sprachebene,
- Metaprogramme erkennen und aufnehmen (Missmatching nur bei besonders gutem Kontakt, denn es macht das Gespräch interessant, belastet aber das gute Gefühl der Gemeinsamkeit).

Hier sind einige weitere Beispiele, um einen guten Kontakt über das Medium Sprache aufzubauen:

2.3.3.1 Antworten spiegeln

Diese Technik ist dem Aktiven Zuhören sehr ähnlich, sie hat aber einen entscheidenden Unterschied: Anstatt das Gesagte neu zu formulieren, wiederholen wir es einfach wortgetreu. Damit ist sichergestellt, dass wir automatisch auch das richtige Repräsentationssystem verwenden. Das Ganze muss natürlich subtil gemacht werden, sonst fühlt sich der Sprecher auf den Arm genommen.

Mitarbeiter: *„Ich weiß nicht, ob ich genug Freiraum habe, um diese Aufgabe erfolgreich zu erledigen?"*
Pacender Chef: *„Sie fragen sich, ob Sie genug Freiraum für diese Aufgaben haben?"*

Das klingt fast zu einfach. Es führt aber dazu, dass der Mitarbeiter seine Situation nun genauer betrachtet und beschreibt, weil der Chef seinen momentanen Denkfluss mit derselben Formulierung nicht gestört hat. So ist diese Technik dem Aktiven Zuhören sehr ähnlich und doch (fast) immer überlegen. – Hier sind noch ein schlechtes und ein gutes Beispiel:

Mitarbeiter: *„Mir ist nicht ganz klar, wie ich diese Aufgabe ausführen soll. Es ist kein Weg in Sicht." (visuell)*
Chef: *„Das fühlt sich sicher schwer an, aber vielleicht müssen Sie sich einfach langsam vorantasten." (kinästhetisch)*

Diese beiden kommunizieren sozusagen auf verschiedenen Kanälen und werden es daher schwer haben, einen guten Rapport zueinander aufzubauen. Erfolg versprechender ist folgende Herangehensweise:

Mitarbeiter: *„Mir ist nicht ganz klar, wie ich diese Aufgabe ausführen soll. Es ist kein Weg in Sicht." (visuell)*
Chef: *„Ja, die Situation ist noch unübersichtlich, aber vielleicht können Sie zunächst einige Etappenziele skizzieren." (jetzt ebenfalls visuell)*

Eine solche Kommunikation wird viel eher zu einem besseren Kontakt führen. Die Partner haben beide das Gefühl, dass sie vom anderen verstanden werden, dass der andere auf der gleichen Wellenlänge mit ihnen kommuniziert. – Ein weiterer Nebeneffekt dieser Vorgehensweise ist, dass durch das Wiederholen der Aussagen diese im Bewusstsein des Mitarbeiters verstärkt werden.

2.3.3.2 Angleichen von (persönlichen) Interessen, Erfahrungen, Meinungen, Werten und Glaubenssätzen

Wenn Sie ähnliche oder gleiche Erfahrungen, Meinungen und Glaubenssätze wie Ihre Mitarbeiter und andere Geschäftspartner haben, dann sprechen Sie über diese Themen. Damit ergibt sich auch langfristig ein guter Kontakt. Das ist in unserer schnelllebigen und change-orientierten Zeit oft sehr angenehm und hilfreich. Weil Kollegen, Partner und Chefs so zu Geschäftsfreunden werden, die ein Beziehungsnetz bilden, das für jeden eine Chance und Unterstützung sein kann. Selbstverständlich profitiert auch die aktuelle Zusammenarbeit, wenn Sie sich mit Ihren Geschäftskollegen und Mitarbeitern natürlicherweise und von innen heraus gut verstehen. Manchmal kann ein kurzes Gespräch über gemeinsame Interessen, Meinungen etc. den guten Kontakt nachhaltig verbessern.

2.3.3.3 Natürliche Gemeinsamkeiten festhalten

Dieser Punkt schließt direkt an den letzten an. Suchen Sie nach Interessen, Erfahrungen, Meinungen, Werten und Glaubenssätzen, die Sie gemeinsam haben mit Ihren wichtigen Mitarbeitern und Geschäftskollegen. Je mehr Ähnlichkeiten Sie mit ihnen finden können, desto höher ist die Chance für einen sehr guten Kontakt. Wenn Sie solche Gemeinsamkeiten finden, sollten Sie Ihren gemeinsamen Fokus unbedingt auf diese Aspekte Ihrer Verbindung richten. – Weil dies sehr nützlich ist, finden Sie nachfolgend ein Arbeitsblatt dafür:

Arbeitsblatt: Natürliche Gemeinsamkeiten

Name/Kürzel des Geschäftspartners:

Welche natürlichen Gemeinsamkeiten habe ich mit diesem Partner?
In welchen Situationen könnte das von Nutzen sein?

....

....

1. Äußere Gemeinsamkeiten (körperlich, Alter, Kleidung ...) ....

....

2. Gemeinsame Erfahrungen (Herkunft, Familie, Schule, Ausbildung, Militär, Lebensereignisse, Sprache ...) ....

....

3. Gemeinsame Einstellungen und Werte (persönliche, geschäftliche, Weltanschauung, Erziehung ...) ....

....

4. Gemeinsame Aktivitäten (Sport, Hobbys, gemeinsame Erlebnisse ...) ....

....

5. Gemeinsame Ziele und Aktuelles (gemeinsame Freunde und Feinde, Projektergebnisse, Erfolge, finanzielle Aspekte ...) ....

....

Fazit: Der Fokus, auf die Gemeinsamkeiten gerichtet, baut den guten Kontakt auf. Der Fokus, auf die Unterschiede gesetzt, stört den guten Kontakt.

Das bedeutet, je mehr schwierige und kontroverse Themen Sie mit Mitarbeitern, Chefs und Kollegen zu behandeln haben, umso wichtiger ist es, dass Sie den guten Kontakt zwischen Ihnen im Auge behalten und fördern. Und gelöste Probleme verbessern die Beziehung (fast) immer!

2.4 Führen mit Zielen ... und das Geschenk visionärer Führer

Führungskräfte müssen vordenken können und so zu Vordenkern werden, um ihre Mitarbeiter zu motivieren und um sie in erfolgreichen wie auch schwierigen Zeiten in die richtige Richtung zu führen.

2.4.1 „Mach doch mal 'nen Film"

Außergewöhnliche Führungspersonen haben ein sehr produktives „Kopfkino". Sie können sich wichtige zukünftige und vergangene Situationen oft farbig und dreidimensional, mit vollständiger Tonspur, der passenden Kinästhetik sowie mit Geruch und Geschmack vorstellen. Das heißt, den NLP-Penetrance-Prozess oder das Festlegen wohl formulierter Ziele zelebrieren sie häufiger und genauer als viele andere Zeitgenossen ... und obendrein geschieht das auch ohne einen NLPler an der Seite.

„Mach doch mal 'nen Film von der Situation" meinte ein ausgesprochen erfolgreicher Unternehmensgründer und -leiter bei einer Besprechung zu mir. Ich musste als NLP-Kundige natürlich sofort schmunzeln über diesen guten Vorschlag. Dieselbe Fähigkeit findet man als NLP-Leser immer wieder in Biographien von inspirierenden Führungspersönlichkeiten und Wissenschaftlern. Ein konkretes Beispiel hierzu: Ein schwedischer Reeder wurde in einem Interview dazu befragt, was er für die Gründe seines Erfolges halte. Er war ein „Self-made-man" und hatte sein ganzes Vermögen selbst erarbeitet. Einen besonders wichtigen Erfolgsfaktor sah er in einer mentalen Fähigkeit, die er bewusst einsetzte: Er sah seine inneren Bilder sehr farbig und dreidimensional. So hatte er, meist lange bevor ein Schiff vollendet war, bereits eine stabile, klare, farbige und dreidimensionale Vorstellung davon im Kopf.

Meiner Erfahrung nach gibt es nicht sehr viele Menschen, die so etwas oft und zuverlässig in ihrem Inneren erleben oder herstellen können. Aber man kann recht gut erahnen, dass diese Fähigkeit mit einer großen geistigen Energie einhergeht, die diesen Reeder sicher in vielen Situationen seinen Mitmenschen überlegen sein lässt.

Falls es Sie nun sofort reizt, selbst eine innere Vorstellung farbig und dreidimensional zu sehen, probieren Sie es einfach aus:

Schließen Sie die Augen und suchen Sie irgendein schönes inneres Bild. Dann versuchen Sie, es so stabil, klar, farbig und dreidimensional wie möglich zu machen.

Egal wie gut Sie das schaffen, Sie werden auf jeden Fall eine Verbesserung Ihres Zustands erleben.

Wenn dies Ihnen leicht und gut gelungen ist, können Sie sich beglückwünschen und sich ruhig etwas vornehmen im Leben ... und wahrscheinlich haben Sie das bereits getan.

2.4.2 Drei Arten von Zielen

Präziser als mit VAKO – also Sehen, Hören, Fühlen, Riechen und Schmecken – kann man ein Ziel nicht durchdenken und planen. Denn genauer als mit unseren fünf Sinnen kann man das Erreichen eines Ziels nicht wahrnehmen und überprüfen. – Die Erfahrung und der Umgang mit den NLP-Zielsetzungstechniken sind also eine sehr nützliche und Erfolg steigernde Übung für Führungskräfte. NLPler sind deshalb oft auch im Umgang mit MBO und Zielsetzungsprozessen den darin nicht oder nur wenig geschulten Kollegen überlegen.

NLP bietet für drei Arten von Zielen höchst effektive Tools, die Führungskräfte bei Planungen unterstützen können. Gleichzeitig trainieren sie so die Fähigkeit zum Vordenken und Antizipieren von Zielen.

Kurzfristige Ziele haben die Besonderheit, dass sie meist „ein-Schritt-Ziele" sind. Das heißt, morgen oder in ein, zwei Wochen gibt es einen wichtigen Termin, den man erfolgreich absolvieren will. Solche Ziele kann man ganz besonders genau planen, sich ausmalen und als Film im Inneren erleben. Dies sind die typischen Ziele für ein Penetrance-Modell beziehungsweise die Technik der richtig formulierten Ziele.

2.4.2.1 Richtig formulierte Ziele

Beachten Sie hierzu die folgenden fünf Kriterien:

a) Formulieren Sie Ihre Ziele positiv.

Notieren Sie sich, was Sie erreichen wollen, und nicht, was Sie vermeiden wollen. Also nicht: „Keine Nörgeleien in Besprechungen mehr", sondern: „Unsere Besprechungen laufen respektvoll, interessiert und offen ab."

b) Formulieren Sie Ihre Ziele so präzise wie möglich.

Was, genau, wollen Sie erreichen und was können und/oder müssen Sie dafür tun? Wie wollen Sie sich wem gegenüber, wann und wo verhalten, damit Sie Ihr Ziel erreichen?

(Oder: „Wer muss sich wem gegenüber, wie, wann und wo verhalten?") Je präziser und genauer Sie ein Ziel festlegen können, desto sicherer werden Sie es erreichen.

c) Formulieren Sie Ihre Zielerkennungskriterien.

Woran werden Sie erkennen, dass Sie Ihr Ziel erreicht haben? Überlegen Sie, was genau Sie auf jedem der fünf Wahrnehmungskanäle erfahren werden, wenn Sie das Ziel erreicht haben. Was werden Sie sehen? Was werden Sie hören? Was werden Sie fühlen? Was werden Sie riechen und schmecken? Fehlen Ihnen diese Kriterien, dann bleibt das Ziel vage. Und es kann sogar sein, dass Sie ein Ziel erreicht haben, ohne es zu registrieren. Das Ziel ist dann zwar erreicht, aber Sie haben immer noch das Gefühl, dass irgendetwas fehlt.

d) Formulieren Sie Ihre Ziele so, dass sie in Kontrolle sind.

Die Erfüllung Ihrer Ziele sollte von Ihren Aktionen abhängen und nicht von äußeren Umständen, über die Sie keine Kontrolle haben. Das Ziel zu haben, dass der Dow Jones-Index in einem bestimmten Zeitraum um 500 Punkte steigt, ist ein purer Wunsch. Nicht mehr. Sie können wenig tun, um den Dow Jones zu beeinflussen. Ein besseres Ziel wäre: „Ich werde alles in meiner Macht Stehende tun, um durch geschickte Investitionsstrategien an der Börse 100.000 Euro zu verdienen." Die Erfüllung dieses Zieles hängt – Zeit, Geld und Ausdauer vorausgesetzt – von Ihren Aktionen ab .Das bedeutet, Sie selbst sind für die Erreichung des Ziels verantwortlich.

e) Check der Rahmenbedingungen und Blick in die Zukunft.

Überprüfen Sie, wie gut das Ziel in Ihre oder die bestehende Situation passt (Check der Rahmenbedingungen). Beim Blick in die Zukunft stellt man sich noch einmal genau vor, dass das Ziel (jetzt) erreicht ist. Wenn dabei „alles passt", werden Sie das Ziel sicher erreichen.

2.4.2.2 Die Besonderheiten der Zielarten

Die gerade beschriebene „ultimative" Zielsetzungstechnik eignet sich also besonders, um kurzfristige Ziele, die in einem Schritt erreicht werden können, definitiv festzulegen. Bei mittelfristigen oder langfristigen Zielen müsste man, wenn man sehr genau sein wollte, den obigen Prozess wiederholt durchlaufen. Oder man benutzt die obige wohlgeformte Zieldefinition, um sich komplexere und längerfristige Ziele mit Zwischenschritten auszumalen. Diese zweite Variante ist für die meisten Business-Situationen die sinnvollere. Deshalb folgt nun eine kurze Übersicht über die drei Zielarten mit ihren jeweiligen Besonderheiten. Anschließend folgen zwei weitere Zielsetzungsmethoden. Es gibt:

1. Kurzfristige Ziele

a) sind Dinge, die man in einem Zeitraum von sofort bis maximal einigen Monaten erreichen möchte;
b) sie werden in einem Schritt erreicht;
c) lassen sich mit der oben beschriebenen Technik der „richtig formulierten Ziele" abschließend bearbeiten und umsetzen.
d) Die Besonderheit bei den kurzfristigen Zielen ist die enorme Genauigkeit, mit der man sich sein Ziel „VAKO-mäßig" als Film und assoziiert vorstellt.

2. Mittelfristige Ziele

a) sind Dinge, die man bis ca. in einem halben Jahr oder bis zu eineinhalb Jahren erreicht haben möchte;
b) lassen sich mit dem New Behaviour Generator (s.u.) festlegen;
c) dementsprechend sind es „Mehr-Schritt-Ziele".
d) Die Besonderheit hierbei ist das Setzen von sinnvollen und klaren Zwischenzielen.

3. Langfristige Ziele

a) sind mehrjährige bis hin zu Lebenszielen;
b) bearbeitet man am besten mit einem Zielsetzungsworkshop (siehe S. 52ff);
c) lassen sich noch nicht exakt festlegen, weil hierzu zu viele Faktoren (Personen, Zeiten, Räume, Entwicklungen) berücksichtigt werden müssten.
d) Deshalb ist die Besonderheit beim Setzen von langfristigen Zielen eine ausgesprochen hohe Motivation und ein hervorragender Zustand des Zielsetzers.

2.4.2.3 Der New Behaviour Generator

Der New Behaviour Generator ist eine Technik, mit der man mittelfristige Ziele besonders gut planen kann. Voraussetzung ist, dass man schon mehr oder weniger genau weiß, was man erreichen will. Oft fehlen noch die dafür nötigen Zwischenschritte. Der New Behaviour Generator dient dazu, diese Schritte zu entwickeln. Der Prozess läuft wie folgt ab:

1. Als Erstes wird die gegenwärtige Situation bewusst gemacht, indem man sie auf den verschiedenen Wahrnehmungskanälen überprüft. (Wo stehe ich jetzt?) Danach dissoziiert man sich von der Situation, indem man sich von außen in der Gegenwartssituation betrachtet.

2. Jetzt malen Sie sich ein Bild des gewünschten Zielzustandes aus. Dabei ist es wichtig, das Bild so genau zu sehen, dass absolut klar ist, dass man in dieser Situation sein Ziel hundertprozentig erreicht hat. Wenn das Bild geschaffen ist, assoziiert man sich voll mit dem Bild und erlebt all die Gefühle, die man erleben wird, wenn man diese Zielsituation erreicht hat. Das Bild wird so lange verbessert, bis man den Zielzustand wirklich erreicht hat und ihn erleben kann. Zum Schluss dissoziiert man sich wieder von dem Zielbild und betrachtet die Situation von außen.

3. Jetzt schlüpft man in die Rolle eines Filmregisseurs. Man kennt das Anfangsbild des zu kreierenden Films (die Situation jetzt) und man kennt die Schlussszene des Films (das Zielbild). Die Aufgabe des Regisseurs ist es, sich zu überlegen, welche Zwischenschritte auf dem Weg vom Anfangsbild bis zur Schlussszene notwendig sind, um einen vollständigen Film zu schaffen. Man entwickelt also die dafür notwendigen Zwischenschritte visuell, indem man ein Bild nach dem anderen vom Gegenwartszustand in Richtung auf das Zielbild macht. Man kann sich dabei mit folgenden Fragen unterstützen:
„Wie viele Bilder oder Dias brauchst du, um vom ersten zum zweiten Bild zu kommen?"
„Welche Fähigkeiten brauchst du?"
„Hast oder hattest du diese Fähigkeit?"
„Falls dir diese Fähigkeit fehlt, bei wem hast du sie schon gesehen?"

4. Wenn man die Zwischenbilder fertig kreiert hat (meist drei bis vier Bilder), überprüft man als Regisseur noch einmal das Drehbuch des Films, um sicherzustellen, dass man mit dem Film zufrieden ist.

5. Im nächsten Schritt assoziiert man sich mit dem Film. Man wechselt die Rolle vom Regisseur zum Schauspieler des Films und durchlebt so den gesamten Film auf allen Sinneskanälen. Zur Unterstützung kann man mit den folgenden Anweisungen arbeiten:
„Geh wirklich in den Film hinein!"
„Sieh alles mit deinen eigenen Augen und fühle mit deinem Körper."

6. Falls in diesem Durchgang etwas immer noch nicht stimmt, dissoziiert man sich noch einmal vom Film und schlüpft zurück in die Rolle des Regisseurs, um das Drehbuch so anzupassen, dass es dann wirklich stimmt. Je direkter und je stärker man den Film assoziiert wirklich erlebt, desto stärker auch die unbewusste Programmierung der Zielerreichung.

Wenn Sie alle Schritte durchlaufen haben, ist es sinnvoll, die Zwischenschritte und weitere auffällige Punkte schriftlich festzuhalten. Wenn es Ihnen liegt, können Sie auch während des gedanklichen Prozesses kleine Pausen zum Mitschreiben einbauen.

Übrigens: Besonders wirksam ist diese Technik, wenn man sie für ein bestimmtes Ziel jeden Tag wiederholt und so den „Film" von Tag zu Tag optimiert.

2.4.2.4 Der Zielsetzungs-Workshop

Führungskräfte müssen oft in komplexen Situationen auch längerfristige Pläne machen. Dies gilt auch noch und vielleicht sogar besonders in unserer Zeit, in der die geschäftlichen, gesellschaftlichen und politischen Situationen sich sehr schnell verändern. Deshalb ist es für Leader sehr interessant und nützlich, einmal oder sogar alle paar Jahre eine Lebensplanung aufzustellen. So trainiert man auch die Fähigkeit, im geschäftlichen Rahmen in großen Zusammenhängen zu denken.

In der folgenden Übung werden Sie Schritt für Schritt dazu angeleitet, sich optimale Ziele zu setzen. Die Übung besteht aus 13 Schritten einer effektiven Zielsetzungsstrategie für langfristige Ziele.

Schritt 1: Kreatives Träumen

Schreiben Sie in zehn Minuten alles auf, was Sie in Ihrem Leben je erreichen, sein, haben, schaffen, geben, entdecken, fühlen, sehen, hören und erleben wollen. Es können materielle Dinge, aber auch emotionale Ziele sein. Spirituelles, Körperliches, Familiäres, Soziales, Mentales – alles, was Sie sich auch nur vorstellen können, und alles, was Sie je haben möchten. Jetzt und in 20 Jahren. Schreiben Sie während der gesamten zehn Minuten alles auf, was Ihnen in den Sinn kommt.

Es ist wichtig, diesen Prozess durchzuführen, ohne schon im Voraus Dinge wegzufiltern, weil Sie glauben, dass diese sowieso unmöglich zu erreichen seien. Wenn Sie etwas finden, was Sie genügend inspiriert, dann werden Sie auch einen Weg finden, dieses Ziel zu erreichen. Fühlen Sie sich also wie ein Kind beim Wunschzettelschreiben oder wie ein König, der sein Reich ordnet. Sie müssen Ihren Ideen Freiraum gewähren. Deshalb werfen Sie jetzt für zehn Minuten alle begrenzenden Gedanken über Bord. Was Sie jetzt brauchen, ist Freiheit, um all das zu finden, was Sie wirklich begeistert. Wenn Sie nämlich beim Reflektieren ein Ziel schon nicht begeistert, wird es Sie beim Erreichen ebenfalls kalt lassen. Deshalb füllen Sie jetzt die folgenden Leerzeilen mit Ihren wirklichen Wünschen und Ihren kühnsten Träumen.

Alles, was ich in meinem Leben machen will, lernen will, haben will, sein will, entdecken will, sehen will, fühlen will, hören und erleben will:

....

....

....

....

....

....

Schritt 2: Zeitrahmen setzen

Schaffen Sie sich einen Zeitrahmen, denn Ziele sind nichts anderes als ein Traum mit einem Zeitplan. Überprüfen Sie also die Liste Ihrer Ziele und schreiben Sie ein „J" neben jene Ziele, die Sie jetzt erfüllt haben möchten. Schreiben Sie eine „1" bzw. „5" bzw. „10" oder „20" neben die Ziele, die Sie in einem, in fünf, in zehn oder zwanzig Jahren erreicht haben möchten. Setzen Sie sich einen Zeitrahmen für jedes Ihrer Ziele.

Schritt 3: Realistische Einjahresziele festlegen

Nun markieren Sie bitte erst alle Einjahresziele und wählen Sie dann jene vier Ziele aus, die für Sie am wichtigsten sind: die vier Ziele, die Sie wirklich im nächsten Jahr angehen und erreichen werden. Spüren Sie noch einmal, ob diese vier Ziele so interessant für Sie sind, dass sie Energie und Vorfreude in Ihnen auslösen. Falls dies nicht der Fall ist, dann suchen Sie sich weitere Ziele, die Sie wirklich lohnenswert finden. Wenn ein Ziel Sie schon beim Überlegen nicht begeistert, wie soll es Sie begeistern, wenn Sie es verwirklichen?

Schritt 4: Sichern Sie Ihre Motivation für die Einjahresziele

Nachdem Sie die vier wichtigsten Einjahresziele ausgewählt haben, übertragen Sie diese in die folgenden Leerzeilen und schreiben Sie zu jedem dieser vier Ziele, wieso Sie dieses Ziel absolut erreichen müssen und wollen. Motivieren Sie sich selbst voll für jedes der vier Ziele. Notieren Sie alle guten Gründe, wieso es sich lohnt, dieses Ziel zu erreichen.

Meine wichtigsten Ein-Jahres-Ziele und wieso ich sie erreichen will, muss und werde:

....

....

....

....

Schritt 5: Das zweite Bein der Motivation: Was würden Sie verpassen?

Jetzt notieren Sie sich zu jedem dieser vier Ziele, was es Sie alles „kosten" wird und wie „schmerzhaft" und deprimierend es sein wird, wenn Sie diese vier Ziele nicht innerhalb eines Jahres erreichen werden:

....

....

....

....

Schritt 6: Was für eine Person müssen Sie sein?

Nachdem Sie die Übungen bis hierhin gemacht haben, geht es in Schritt sechs und sieben darum, eventuelle Widerstände zu erkennen und aufzulösen. Deshalb überlegen und beschreiben Sie nun, was für eine Person Sie sein müssen, um Ihre Ziele zu erreichen. Welche Fähigkeiten und Eigenschaften müssen Sie besitzen, um alles zu erreichen, was Sie wollen, und was müssen Sie auf diesem Wege eventuell an sich ändern?

....

....

....

....

Schritt 7: Was stoppt Sie bis jetzt?

Im nächsten Schritt notieren Sie alles, was Sie bisher noch davon abgehalten hat, Ihre Ziele zu erreichen:

....

....

....

....

Nutzen Sie diese Informationen, um sich einen schrittweisen Plan davon zu machen, was Sie tun müssen, um Ihr Ziel zu erreichen. Wenn Sie feststellen, was Sie jetzt noch zurückhält, wissen Sie auch, woran Sie sofort arbeiten müssen, um Ihr Ziel zu erreichen.

Schritt 8: Schritt-für-Schritt-Plan

Machen Sie jetzt einen ersten Schritt-für-Schritt-Plan, in dem Sie festlegen, wie Sie Ihre vier wichtigsten Einjahresziele erreichen wollen. Außerdem finden Sie einen ersten (vielleicht nur kleinen) Schritt für jedes dieser Ziele, den Sie direkt heute schon ausführen können:

....

....

....

....

Schritt 9: Der Schaukelstuhltest

Eine eindrucksvolle und vertiefende Art zu überprüfen, ob die Ziele, die Sie sich gerade gesetzt haben, auch in Ihrem „tiefsten Inneren" für Sie stimmen und in Ihr gesamtes Leben passen, ist der Schaukelstuhltest: Stellen Sie sich dazu vor, Sie seien etwa 96 Jahre alt und sitzen an einem lauen Sommerabend auf Ihrer Veranda in einem Schaukelstuhl. Während Sie gemütlich hin- und herwippen, schweifen Ihre Gedanken in die Vergangenheit und Sie schauen zurück auf Ihr erfülltes, erfolgreiches und glückliches Leben. Sie erinnern sich an den heutigen Tag, an dem Sie sich diese Ziele gesetzt haben, und erkennen, wie wichtig dieser Tag für Ihr weiteres Leben gewesen ist. Welche Ziele haben Sie umgesetzt? Und wie war es, als Sie sie erreichten? Welche Ziele sind mit der Zeit noch dazugekommen und welche Ziele haben sich vielleicht als unwesentlich entpuppt? Was wissen Sie, wenn Sie 96 Jahre alt sind, über den großen zeitlichen Bogen Ihres Lebens, das Ihnen heute beim Festlegen Ihrer Ziele helfen kann?

Nehmen Sie sich Zeit, schließen Sie die Augen, träumen und lernen Sie alles, was Sie aus dieser Übung an Einsicht gewinnen können. Außerdem genießen Sie schon jetzt das Gefühl, ein erfülltes Leben gelebt zu haben!

Schritt 10: Erste Aktionen

„Selbst die längste Reise beginnt mit dem ersten Schritt." Jetzt, da Sie Ihre Ziele definiert und aufgeschrieben haben, geht es natürlich an die Umsetzung. Dabei ist es ganz wichtig, dass Sie sich und Ihrem Unbewussten klar signalisieren und beweisen, dass der Weg zu Ihren Zielen in der Tat schon begonnen hat. Das tun Sie, indem Sie jetzt oder spätestens innerhalb der nächsten 24 Stunden für jedes Ihrer Einjahresziele eine konkrete Aktion, Tat oder Handlung unternehmen. Das kann schon ein großer Schritt auf Ihr Ziel zu sein oder auch nur ein ganz kleiner, wie z.B. das Eintragen eines Termins in Ihren Kalender, oder das Anfordern von Informationsmaterial oder das Vereinbaren eines Termins mit einer Person, die Sie auf dem Weg zum Ziel unterstützen kann. Es ist egal, was Sie konkret tun. Das einzig Wichtige ist, dass Sie etwas tun, was Sie Ihrem Ziel näher bringt.

Welches sind also die vier Aktionen, die Sie in den nächsten 24 Stunden unternehmen werden, um der Erreichung Ihrer vier Einjahresziele näher zu kommen?

....

....

....

....

Die gerade beschriebenen Zielsetzungsmethoden lassen sich selbstverständlich auch in Einzelelemente zerlegen und für die unterschiedlichsten Arten von Zielsetzungsprozessen in Teams oder für einen einzelnen Planer neu kombinieren.

2.5 Besonders erfolgreiche Führungskräfte sind NLPler von Geburt

Solche Menschen sind erfahrungsgemäß eine „Fundgrube" für alle NLP-Prinzipien und -Techniken. Das ist im Grunde auch klar, da Bandler und Grinder gezielt erfolgreiche Menschen mit exzellenten Verhaltensweisen analysiert haben. Gleichwohl bin ich immer wieder erfreut und leicht verblüfft, wie genau man bei außergewöhnlichen Führungskräften alle NLP-Punkte „abhaken" kann. Solche Menschen sind „VAKO-mäßig" voll repräsentiert und in allen ZZG-Bereichen bestens ausgestattet. Sie haben klare Werte und Visionen im Leben und sind extrem flexibel in ihrem Verhalten und in der Kommunikation. Sie „reframen" und „swishen" ständig und gut, tanzen auf der Timeline, haben ein besonders lebendiges, klares, farbiges und auch in allen anderen Submodalitäten reichhaltiges Kopfkino bzw. Innenleben.

Wenn Sie also jung sind und feststellen, dass Sie sowieso schon alles so machen und erleben, wie Sie es beim NLP lernen, dann haben Sie vermutlich ein glückliches, erfolgreiches Leben vor sich und können sich einiges vornehmen. Falls Sie vieles können und tun, was das NLP beschreibt, werden Sie auch erfolgreich. Und von NLP-Training oder Coaching an den richtigen Stellen werden Sie und Ihre Umgebung bestimmt profitieren.

Joachim ist ein gutes Beispiel für letztere Aussage. Er wusste schon früh, was er im Leben wollte. Er hatte und hat klare, hochgesteckte und motivierende Ziele und Werte, früh die richtige Frau gefunden, die gewünschten Kinder mit ihr und eine kontinuierlich erfolgreich wachsende Firma, die er mit seiner Frau leitet. Seine Mitarbeiter hörte er gerne sagen: „Beruhigend, dass auch er etwas nicht so gut kann", als sie sahen, dass er kein „super" Tänzer ist. Gleichwohl hatte er eine etwas schwache auditive Fähigkeit. Einerseits war seine Stimme nicht sehr motivierend, wenn er mit Mitarbeitern und Geschäftspartnern sprach. Außerdem ging er wenig auf Wünsche und Argumente seiner Mitarbeiter ein, die er als für sich nicht akzeptabel oder relevant erkannte. Dabei traf er zwar korrekte Entscheidungen, die er kurz mitteilte. Aber er erklärte sie dem Mitarbeiter nicht so, dass dieser sich verstanden und seinen Wunsch respektiert fühlte.

Mit diesen Themen wandte er sich an mich als NLP-Coach und löste sie schnell und erfolgreich.

2.5.1 Ihre Person wird zum Anker für?!

Kennen Sie Führungskräfte oder andere „Respektspersonen", die Sie besonders positiv oder auch negativ beeindrucken oder gleich beides miteinander? Diese Menschen haben dafür gesorgt, dass Sie durch deren Verhalten und in deren Anwesenheit unterschiedliche intensive Gefühle erlebt haben. Wenn Sie an so einen Menschen denken oder ihn sehen, empfinden Sie die früheren angenehmen, unangenehmen oder gemischten Gefühle wieder. Diese Person ist zu einem Anker für Sie geworden.

Ankern ist die Verknüpfung eines inneren Gefühlszustandes mit einem äußeren Reiz. Der äußere Reiz ist, nachdem die Verknüpfung hergestellt ist, der „Anker" oder Auslöser für den „geankerten" Gefühlszustand. Der äußere Reiz kann ein Gegenstand, eine Person, eine Umgebung, ein Geräusch, ein Klang, ein Geruch, ein Geschmack, eine Geste oder ein Gesichtsausdruck usw. sein.

Wie Sie bereits wissen, ist es das Ziel unseres Gehirns bzw. unseres Nervensystems, Schmerz zu vermeiden und Lustgewinn zu erreichen. Je intensiver ein Zustand ist, umso leichter wird er mit äußeren Reizen verknüpft. Wenn die Verknüpfung hergestellt ist, wird der ursprünglich neutrale äußere Reiz zum Anker dieses Gefühls. Das heißt, der Anker löst denselben Gefühlszustand in einer anderen Situation wieder aus.

Wenn Sie also zum Beispiel bei Ihrer ersten großen Präsentation mit vielen Teilnehmern ein bestimmtes Outfit getragen haben, kann die Kleidung zum Anker für die guten Erfolgsgefühle werden, die Sie bei der Veranstaltung erlebt haben. Selbstverständlich könnten auch andere Dinge wie der Raum oder bestimmte Folien oder Personen in dieser Situation positiv geankert worden sein. Nun brauchen Sie nur noch die Kleidung oder einen anderen Anker sehen und Sie erleben erneut die guten Gefühle. Die Dinge sind also zu einem positiven Anker geworden.

Für Führungskräfte ist dieser Mechanismus besonders wichtig. Aufgrund ihrer Position ist die Wahrscheinlichkeit sehr hoch, dass ein Chef die Gefühle seiner Mitarbeiter und auch anderer Menschen in Bewegung bringt und so zum Anker wird. Ein Leader, dem diese Sache bewusst ist, kann sein Verhalten so steuern, dass er zu einem Anker für positive Gefühle wie Motivation, Stärke, Inspiration, Vertrauen etc. wird. Dazu muss er für eine gewisse Zeit möglichst oft deutlich sichtbar oder hörbar sein, wenn seine Mitarbeiter in einem positiven Zustand sind. Oder er muss bei Problemen schnell eine gute Lösung finden und auch dies müssen seine Mitarbeiter sicht- oder hörbar mit ihm verbinden.

Ein Gruppenleiter in einem Seminar hat seinen Teammitgliedern diesen Prozess beeindruckend dargestellt. Jim war erst 20 Jahre alt und leitete eine „Kleingruppe" von ca. 60 Personen. Seine Aufgaben waren nicht besonders anspruchsvoll. Er versammelte die Gruppe, gab Zeiten bekannt und verteilte Blätter mit Aufgaben. Gleichzeitig war die posi-

tive Intensität in diesem Seminar aufgrund der wunderschönen Umgebung auf Hawaii, der vielen interessanten Teilnehmer aus der ganzen Welt und der inspirierenden NLP-Themen sehr hoch. Gegen Ende des Seminars hatte Jim es geschafft, ein ausgesprochen positiver Anker für seine Kleingruppenteilnehmer zu werden. Wenn er etwas tat und zu sehen war, spürte man eine besonders gute Stimmung. Als es um das Thema Ankern als Methode ging, öffnete er uns die Augen. Er teilte uns mit, dass er während der vergangenen Tage immer darauf geachtet hatte, dass er gut sichtbar und hörbar war, wenn die Gruppe „einfach so" oder aus unterschiedlichen Gründen besonders gut gelaunt war. So haben wir das Ankerphänomen auf eindrückliche Weise erlebt und Jims Erklärung hat seine positive Wirkung auf uns gleich nochmals verstärkt.

Ein möglichst positiver Anker für seine Umgebung zu sein ist für Führungskräfte sicher sinnvoll. Allerdings gibt es auch die gemischte „Ankervariante". Diese ist, bewusst eingesetzt, etwas für die mutigen und abenteuerfreudigen Leader. Negative Gefühle werden vom Gehirn besser gespeichert als positive, deshalb merken wir uns schmerzliche Situationen besser. Insofern vergessen wir jemanden, der uns geärgert oder verletzt hat, noch weniger als Menschen, die „nur" angenehm bzw. nett sind. Fazit: Wenn eine Führungskraft also mehrheitlich ein positiver Anker für seine Mitarbeiter und Kollegen ist, er gleichzeitig aber auch negative Gefühle wie Druck, Stress und Kritik auslöst, kann die Gesamtwirkung als Anker und Leader noch größer sein als bei (fast) nur positiven Chefs.

Herr Peters ist ein sehr starker und erfolgreicher Chef. Er weiß meist zielsicher, was er will. Auch weiß er den Weg zum Ziel besser als seine Mitarbeiter, Kollegen, inkl. Chefs und geschäftlichen Kollegen oder Gegner. Er ist entweder bestens gelaunt, aktiv, kreativ nachdenklich und motiviert oder aggressiv und wütend, wenn etwas (noch nicht) so läuft, wie er es sich vorstellt. Das bekommt seine Umgebung meist klar zu hören und zu sehen. Die Wut setzt er sofort in Arbeit und Aktivitäten zur Problemlösung um. Mit dieser Mischung ist er für sehr viele Menschen ein starker, oft insgesamt positiver Anker. Bei geschäftlichen Gegnern überwiegt mit Sicherheit das Negative. Seine langjährige Assistentin formulierte es ihm gegenüber sehr prägnant: „Sie muss man lieben, um Sie zu mögen."

In dieser Art zum Poweranker zu werden kann sehr erfolgreich sein. Es ist aber auch immer ein Spiel mit Gefühlen, den eigenen und den der Menschen, mit denen man zusammenarbeitet. Positive und negative Ankerqualitäten zur Verstärkung zu mischen ist also eine Gratwanderung und kann zu einer Ethikfrage werden. Wirkungsvoll ist es allemale.

2.5.1.1 Positionsanker

Nun gibt es neben den „Superchefs" auch die vielen „normal guten" Manager. Es gibt Führungskräfte, die in bestimmten Bereichen gut sind, aber ihren Mitarbeitern in bestimmten Punkten unterlegen sein können. Auch in solchen Situationen kann man das Ankerprinzip – zum Beispiel mit Positionsankern – Erfolg steigernd einsetzen.

Herr Bitzer ist Geschäftsführer eines mittelständischen, technischen Unternehmens. Fachlich ist er gut qualifiziert und seine Zuverlässigkeit als Führungskraft hat er in vielen Jahren unter Beweis gestellt. Seine sprachliche Flexibilität und Argumentationskraft sind aber weniger stark als die seines Vertriebsleiters und mancher Verkäufer. Deshalb setzt Herr Bitzer auf Positionsanker. Wann immer er mit Mitarbeitern in einem Raum ist, wählt er einen Platz, der ihn aus der Gruppe heraushebt. Das kann ein Platz hinter oder vor den anderen sein – auf jeden Fall ist es ein Platz mit Überblick über die ganze Gruppe. An einem Tisch wählt er selbstverständlich den Chefsessel am Kopfende. Und selbst in einem Seminar, in dem er nur einer von zahlreichen Teilnehmern war, saß er immer am Rand mit einem gewissen Abstand zu seinen Mitarbeitern. Auf diese Weise sowie aufgrund seiner aufrechten Körperhaltung und hoher Aufmerksamkeit signalisierte er auch ohne viele Worte eine übergeordnete Position. Seine geringere verbale Aktivität kam so auch als positive Zurückhaltung des Chefs an. Dieses Verhalten behält er in jeder Situation mit Mitarbeitern, auch in gemeinsamen Pausen, konsequent bei.

Für die Mitarbeiter, Kollegen und eigenen Chefs von Herrn Bitzer ist sein Verhalten zwar durchaus durchschaubar, aber es bewirkt das Richtige. Deshalb wird er für seine Defizite kaum kritisiert.

2.5.2 Klare Werte geben Führungskräften Profil

Die Ansprüche an Führungskräfte sind hoch und nicht jeder Chef kann und weiß „alles". Das ist auch nicht möglich und nötig. Die meisten haben bestimmte Vorzüge und entwickeln mit der Zeit einen eigenen Führungsstil, der zu ihnen passt. Das geschieht durch Erfahrung, Vorbilder, Nachdenken und durch Schulungen. Die Werte, so wie sie im NLP verstanden werden, können auf dem Weg zum eigenen Führungsstil ein gutes Hilfsmittel oder eine Abkürzung darstellen.

Auch bei diesem Thema konnte ich immer wieder beobachten, dass exzellente Führungskräfte ihre Werte aus sich heraus entwickeln und definieren. Sie lieben es, aus kraftvollen und tief empfundenen Überzeugungen heraus zu handeln und sie sprechen auch gerne und offen über ihre Werte.

Wer noch jung ist und/oder sich erst in die Führungsaufgabe hineinentwickelt, profitiert sehr von der Definition seiner Werte. Auch wenn Sie bereits klare Werte haben, lohnt es sich diese aufzuschreiben und in die richtige Reihenfolge zu bringen. ... Wie macht man das? Und was sind die häufigen und selteneren Werte? Und schließlich stellt sich auch die Frage: Werte – was ist das eigentlich?

Unsere Werte sind Zustände, die für uns im Leben besonders wichtig sind. Genauer betrachtet sind Werte jene Zustände, mit denen wir bisher am meisten Vergnügen bzw. Lustgewinn verbunden haben oder mit denen wir Schmerz vermeiden konnten. Als Beispiel-Werte seien genannt: Liebe, Glück, Vertrauen, Erfolg, Sicherheit. Handelt es sich bei diesen Werten um wirkliche Gefühlszustände, werden sie End-Werte genannt. Es sind Zustände und abstrakte Begriffe, die man nicht sehen und anfassen kann. In der deutschen Sprache gibt es etwa 2.600 Begriffe für unterschiedlichste Werte. Die Auswahl ist wahrhaftig groß.

Oft streben wir im Leben auch greifbare Dinge oder Umstände an, weil wir glauben, dass wir dadurch gewisse Gefühlszustände erleben werden, z.B. ein neues, schnelles Auto, um uns erfolgreich, sportlich und attraktiv zu fühlen; ein Haus für das Gefühl von Erfolg, Anerkennung und Sicherheit; eine Beziehung für die Gefühle von Intimität, Liebe und Glück; eine Familie für Freundschaft, Sicherheit etc. Bei genauerer Betrachtung erkennen wir jedoch, dass diese Dinge oder Umstände also lediglich ein Mittel zum Zweck sind, um die Endwerte zu erreichen. Deshalb kann man sie Mittel-zum-Zweck-Werte nennen.

Wenn wir unsere wirklichen Werte im Leben erkennen wollen, dann ist es wichtig, dass wir die End-Werte (Zustände) hinter den Mittel-zum-Zweck-Werten entdecken. Besonders für Führungskräfte ist es stärkend, die Zustände dieser End-Werte direkt als Gefühl in sich wach zu rufen. Denn einerseits verbringt man so nicht sein Leben damit, hinter den Symbolen seiner Werte her zu rennen und sich Autos, Häuser, Geld, eine bestimmte Position und vielleicht sogar eine Familie „anzuschaffen", ohne das Gefühl, das man eigentlich damit erreichen wollte, zu erleben. Zum anderen kann man sich aus dem erlebten Wohlgefühl seiner positiven Werte in allen möglichen guten und schwierigen Situationen viel eher und besser so verhalten, wie man es sich wünscht. Mit diesem Grundgefühl reagiert man auf Druck oder Not seltener in negativer und defensiver Weise. Man hat vielmehr die Kraft, das Richtige und Gute zu tun, auch wenn es manchmal schwerfällt oder Überwindung kostet. Solche Verhaltensweisen zeichnen gute, erfolgreiche Chefs aus.

Wie kommen Sie nun zu Ihren persönlichen Werten? Es geht ganz einfach: Sie fragen sich eine Zeit lang immer wieder, was in Ihrem Leben wichtig ist. Wenn schließlich ein End-wert (ein Zustand und abstrakter Begriff) auftaucht schreiben Sie diesen auf ein Blatt oder noch besser auf einzelne Karten (so können Sie die Begriffe später verschieben). Falls Ihnen ein Mittel-zum-Zweck-Wert bewusst wird, wie beispielsweise Geld oder Freizeit, fragen Sie sich einfach: Was habe ich davon? Oder: Welches Gefühl gibt mir das? Sie fragen sich (wenn Sie die Übung zu zweit machen Ihren Partner) so lange, bis einer oder eventuell mehrere Endwerte die Antwort bilden. Sie schreiben diese stets auf. Wenn Ihnen nach einiger Zeit nichts Wichtiges oder nichts Neues mehr einfällt, schliessen Sie die Sammelphase ab.

Diese Sammlung hat eine genau festgelegte, hierarchische Reihenfolge. Wenn das nicht so wäre, würden wir ständig in unserem Erleben, Verhalten und unseren Entscheidungen hin und her schwanken. Deshalb geht es im nächsten Schritt um das Herausfinden und Festlegen der Werte-Hierarchie.

Legen Sie dazu die Karten oder Blätter mit Ihren einzelnen Werten in irgendeine Reihenfolge. Nehmen wir folgende Reihenfolge an: Ehrlichkeit, Vertrauen, Glück, Liebe, Freiheit. Dann nehmen Sie den obersten Begriff und fragen sich: „Was ist mir wichtiger: Ehrlichkeit oder Vertrauen?" Mit dem Ihnen wichtigeren Wert geht es weiter. Ist es Vertrauen, fragen Sie nun wieder: „Was ist mir wichtige: Vertrauen oder Glück?" Bei der Antwort Vertrauen folgt dann die Frage: „Was ist mir wichtiger: Vertrauen oder Liebe?"

So fragen Sie sich durch Ihre Reihe bis Sie den wichtigsten Wert gefunden haben. Dieser erhält die Ziffer „1". Falls Sie sich während der Klärung zwischen zwei Werten nicht entscheiden können, verwenden Sie die Frage: *„Wenn ich auf eines verzichten müsste, auf Vertrauen oder Liebe, auf was könnte ich eher verzichten?"* Der Antwortwert ist dann entsprechend weniger wichtig und Sie fragen sich mit dem wichtigeren Wert durch die komplette Liste. – Nachdem der erste Wert festgelegt ist, fragt man mit dem nächstwichtigen wieder die verbleibenden Begriffe durch, bis der zweite Wert feststeht. Mit Hilfe dieses Procederes erhalten alle Werte eine Ziffer und somit ihren Platz in Ihrer persönlichen Werte-Hierarchie.

In der Regel sind diese Werte und ihre Reihenfolge für viele Jahre oder das ganze Leben identisch. Falls Sie Zweifel haben, ob dies noch so ist, können Sie den obigen Prozess wiederholen, wann immer Sie wollen. Veränderungen ergeben sich manchmal aufgrund wesentlicher positiver oder negativer Lebenserfahrungen. Insgesamt sind nach meinen Beobachtungen die Werte von Menschen sehr langlebig und stabil.

Die häufigsten Werte, die ich von meinen Seminarteilnehmern oder Coachees im deutschsprachigen Raum genannt bekomme, sind *Vertrauen und Ehrlichkeit.* Es folgen *Gesundheit, Glück, Humor, Freude, Sicherheit, Liebe, Freiheit, Anerkennung, Flexibilität, Zufriedenheit, Zuverlässigkeit, Akzeptanz.* Etwas seltener genannt werden *Authentizität, Erfolg, Frieden, Individualität, Wissen, Selbstverwirklichung, Achtsamkeit, Ethik, Respekt, Disziplin, Pünktlichkeit, Gerechtigkeit, Mut, Schönheit, Treue, Begeisterung.* Bitte beachten Sie, dass diese Aufzählung nicht vollständig ist – sie soll lediglich eine Übersicht darstellen.

2.6 Strategieentwicklung für kleine und mittlere Unternehmen und Abteilungen

Bei der Arbeit mit den NLP-Elementen in Wirtschaft und Industrie haben sich mit der Zeit immer wieder besonders nützliche Anwendungen herauskristallisiert. Ein „neunseitiger Diamant" unter diesen Tools sind die erweiterten logischen Ebenen oder die Unternehmenspyramide.

2.6.1 Die Unternehmenspyramide – mit den logischen Ebenen

„Jeder NLPler liebt die logischen Ebenen" kann ich natürlich nicht sagen, schon weil dieser Satz ja eine fälschliche Universalaussage wäre. Aber es ist viel daran, dass die Arbeit mit den logischen Ebenen in den unterschiedlichsten Situationen sehr vielseitig und überaus hilfreich ist. Ich favorisiere bei der Arbeit mit den Ebenen übrigens den Einsatz des ganzen Systems.

Das begann damit, dass wir die logischen Ebenen zur persönlichen Standortbestimmung innerhalb unseres Business Practitioners von den Teilnehmern für ihr gesamtes Leben oder wichtige Teilaspekte ausfüllen ließen. Danach wurden diese Sinnpyramiden (vgl. S. 146f), wie wir sie nannten und nennen, gründlich analysiert, um herauszufinden, wo etwas Wichtiges fehlt und wo es hemmende Unstimmigkeiten gibt. Daraus wurden Veränderungsarbeiten, Aufgaben und/oder Tätigkeiten abgeleitet, um alle Ebenen in eine optimale Harmonie zu bringen. Im Kapitel Coaching mit NLP gibt es dazu noch ein Beispiel aus der Praxis.

In diesem Kapitel allerdings geht es um das, was wir zunächst „zufällig" bei der weiteren Arbeit mit den logischen Ebenen als ganzes System feststellten. Sie sind, leicht erweitert durch „business-mäßig" wichtige Elemente, ein einmalig einfaches und übersichtliches Tool, um in Unternehmen und Abteilungen deren Strategie zu entwickeln und darzustellen. Das daraus entstandene Tool heißt nun „Unternehmenspyramide" oder – bei der Arbeit mit Abteilungen – „Strategiepyramide" oder „Abteilungspyramide".

2.6.1.1 Ihre Bereiche

Innerhalb des Business-Umfeldes sind die Ebenen oder Bereiche der Unternehmenspyramide natürlich mit etwas anderen Inhalten gefüllt als im Kontext psychologischer Themen. Deshalb finden Sie im Folgenden eine kurze Definition der neun Bereiche der Pyramide. Die beiden Ebenen der strategischen und operativen Ziele sind in einem Abschnitt zusammengefasst, weil sie sehr eng verwandt sind. Das Gleiche ist bei den Tätigkeiten und Fähigkeiten der Fall.

2.6.1.1.1 Umgebung

Damit ist grundsätzlich alles gemeint, was die Umgebung eines Unternehmens ausmachen kann: die Kunden und Interessenten, den Staat, die juristischen Gegebenheiten, die politische Situation, die geographische Lage, die Landschaft, die Verkehrssituation, die Gebäude, die Größe, Ausstattung und Gestaltung der Arbeitsplätze, das Potential an möglichen Mitarbeitern, die Attraktivität der Umgebung als Wohnort für Mitarbeiter, das Klima usw. Bei der Arbeit mit der Pyramide werden nur jene Umgebungsfaktoren betrachtet, die für Veränderungen, Aufgaben oder Analysen zurzeit wichtig sind.

Die **Unterscheidung zu Tätigkeiten**
Das ist in diesem Fall im Allgemeinen eindeutig. Die Umgebung besteht aus Dingen, Menschen und Gegebenheiten und betrifft in der Regel keine Tätigkeiten. Eine Ausnahme von dieser Regel könnte man z.B. in einem islamischen Land erkennen. Dort könnte man die regelmäßige Aktivität des Betens der Mitarbeiter auch als Umgebungsbedingung betrachten.

2.6.1.1.2 Tätigkeiten und Fähigkeiten

Der Bereich Tätigkeiten bezeichnet alles, was in einem Unternehmen an Aktivitäten passiert: telefonieren, reden, in Sitzungen diskutieren, Workshops abhalten, präsentieren und zuhören, lesen, nachdenken, schreiben, Auto fahren, zeichnen, designen, montieren, Maschinen und Abläufe beobachten, analysieren, planen, entwickeln, erfinden, erklären, programmieren, zählen, rechnen, Fremdsprachen sprechen, verhandeln, Pause machen, Material und Gedanken transportieren, mit Kunden Golf spielen, putzen usw.

Die **Unterscheidung zu Fähigkeiten**
Tätigkeiten und Fähigkeiten sind besonders in der Arbeitswelt stark verwandt, da dort die Tätigkeiten des Planens, Präsentierens, Entwickelns usw. tunlichst von Menschen ausgeführt werden sollten, die diese auch zu ihren besonderen Fähigkeiten rechnen können. Die Unterscheidung ist dennoch wichtig, wenn man ungenutzte oder fehlende Fähigkeiten betrachten, nutzen und dazugewinnen will. Außerdem gibt es Fähigkeiten, die man nicht einzelnen Personen als Tätigkeit zuordnen kann, wie zum Beispiel Kunden optimal informieren oder Märkte erobern, die deshalb ebenfalls die Kategorie Fähigkeiten erforderlich machen.

2.6.1.1.3 Operative und strategische Ziele

In die Kategorie operative Ziele gehört grundsätzlich alles, was eine Person, eine Abteilung, ein Bereich und/oder das gesamte Unternehmen als Ziel setzen und erreichen kann: *Das Produkt bis Oktober serienreif haben; das Handbuch bis ... jedem Mitarbeiter zur Verfügung stellen; bis ... diese Position besetzen; in diesem Jahr den Umsatz um ... Prozent steigern; neue Mitarbeiter anlernen; die Kommunikation verbessern; den Markt analysieren; einen weiteren Verlag kaufen.* Operative Ziele müssen meßbar oder beobachtbar zu erreichen sein.

Die **Unterscheidung zu strategischen Zielen**
Hier ist die Differenzierung teilweise sehr eindeutig und gelegentlich gibt es Überschneidungen. Strategische Ziele sind längerfristig (ab ein bis zwei Jahre) und sie müssen (noch nicht) meßbar definiert werden. Die kleineren Tages-, Wochen- oder Monatsziele gehören nicht zu strategischen Zielen. – Ziele wie die Kommunikation verbessern, den Markt analysieren oder einen Verlag kaufen können strategische Ziele sein. Beinhaltet die längerfristige Wachstumsstrategie eines Unternehmens den Zukauf von anderen Unternehmen, gehört dies zu den strategischen Zielen. Wenn in diesem Jahr ein bestimmtes Unternehmen akquiriert werden soll, ist es ein operatives Ziel.

2.6.1.1.4 Glaubenssätze (GS)

Glaubenssätze sind alle positiven und negativen, unausgesprochenen oder offen kommunizierten Einstellungen sämtlicher Mitarbeiter, die für das Unternehmen relevant sein könnten. Beispiele für positive GS: *Wir sind die Besten. Unsere Kunden sind begeistert von unserer Leistung. Wir sind schneller als die anderen. Unsere Arbeit macht Spaß oder ist besonders sinnvoll. Das Arbeitsklima ist hervorragend. Unsere Mitarbeiter sind höchst qualifiziert. Wir sind ein gutes Team. Die Führung lebt ihre Anforderungen vor. Ich/Wir sind stark motiviert. Die Bezahlung ist gut und das Essen auch.* Die Liste der GS ist unendlich. Beispiele für negative GL sind: *Wir können mehr als wir dürfen. Wir sind die Fußabtreter des Unternehmens. Unsere Produkte sind schlecht und zu teuer. Unsere Führung ist lausig. Mit uns kann man es ja machen. Bei uns weiß keiner Bescheid. Ständig gibt es neue Anweisungen. Früher war alles besser. Ich/Wir arbeiten nur für das Geld. Unsere Arbeitsweise ist unmoralisch. Es gibt zu wenige Parkplätze.*

Die **Unterscheidung zu den Werten**
Hierbei ist die Andersartigkeit sehr deutlich. Werte sind Begriffe und keine Sätze. Die Werte benennen immer positive Inhalte und sie sind hierarchisch geordnet.

2.6.1.1.5 Werte

Werte sind die (relativ wenigen) tief verwurzelten positiven Grundeinstellungen, die in einem Unternehmen bewusst oder unbewusst über lange Zeit akzeptiert und gelebt werden. Mögliche Beispiele sind: *Dynamik, Erfolg, Vertrauen, Ehrlichkeit, Sicherheit, Loyalität, Schnelligkeit, Teamorientierung, Kundenorientierung, Perfektion, Tradition, Innovation, Jugendlichkeit, Kreativität, Stärke, Offenheit, Marktorientierung usw.* Jedes Unternehmen hat eine begrenzte Auswahl an hierarchisch geordneten Werten.

Die **Unterscheidung zur Identität**
Die Identität wird – im Gegensatz zu den Werten – in Sätzen formuliert. Außerdem beschreibt Erstere im Wesentlichen Tatsachen oder Situationen, die von jedem wahrgenommen werden können, die oft in der Herkunft begründet und mehr oder weniger unveränderlich bestehen. Werte hingegen sind etwas leichter zu verändern.

2.6.1.1.6 Identität

Neben dem oben Gesagten kann man die Identität auch als die Summe der stabilsten Glaubenssätze eines Unternehmens bezeichnen. Derartige Glaubenssätze können deshalb auch noch bestehen, wenn sich die auf ihnen gründenden subjektiven Tatsachen, Erfahrungen und Zusammenhänge verändert haben. Solche Situationen führen gerne zu Konflikten. Beispiele zu Firmenidentitäten sind: Wir sind ein deutsches Unternehmen. *Wir sind ein Staatsbetrieb. Wir sind ein Familienunternehmen. Wir sind ein internationales Unternehmen. Wir sind ein Industrieunternehmen. Wir sind ein Dienstleistungsunternehmen. Wir sind ein Kleinbetrieb. Wir sind ein Konzern. Wir sind ein Ingenieurunternehmen. Wir sind ein Großpumpenhersteller. Wir sind ein Komponentenhersteller. Wir sind ein Softwareunternehmen.*

Die **Unterscheidung zur Vision**
Die Vision besteht in der Regel nur aus ein oder zwei zusammenhängenden Aussagen, die weit über das ganze Unternehmen herausreichen und sich nicht auf bereits bestehende subjektive Tatsachen gründen. Zur Identität können mehrere Sätze gehören, die auf subjektiven Tatsachen beruhen.

2.6.1.1.7 Vision

Die Vision soll in gewisser Weise unerreichbar, also nicht meßbar sein. Sie ist die größte, schönste und am meisten inspirierende Vorstellung vom Unternehmen und seinem Nutzen für seine Umgebung. Sie sollte etwas beschreiben, was gut für das Unternehmen ist und einen Beitrag zum Wohlergehen der Umgebung leistet. So ist sie „egoistisch und altruistisch“ gleichzeitig. Wenn die Vision zudem bildlich formuliert wird, wirkt sie besonders ansprechend. Beispiele: *Wir machen die Meßgeräte für die Wasserversorgung der Welt. Wir fördern und verbreiten die Printmedien. Wir sorgen dafür, dass in jedem Wohnzimmer ein Computer steht. Wir platzieren eine Coca Cola in die Reichweite eines jeden Menschen auf der Welt.*

2.6.1.2 Graphik der Unternehmenspyramide

Nachfolgend sehen Sie die graphische Darstellung der Unternehmenspyramide.

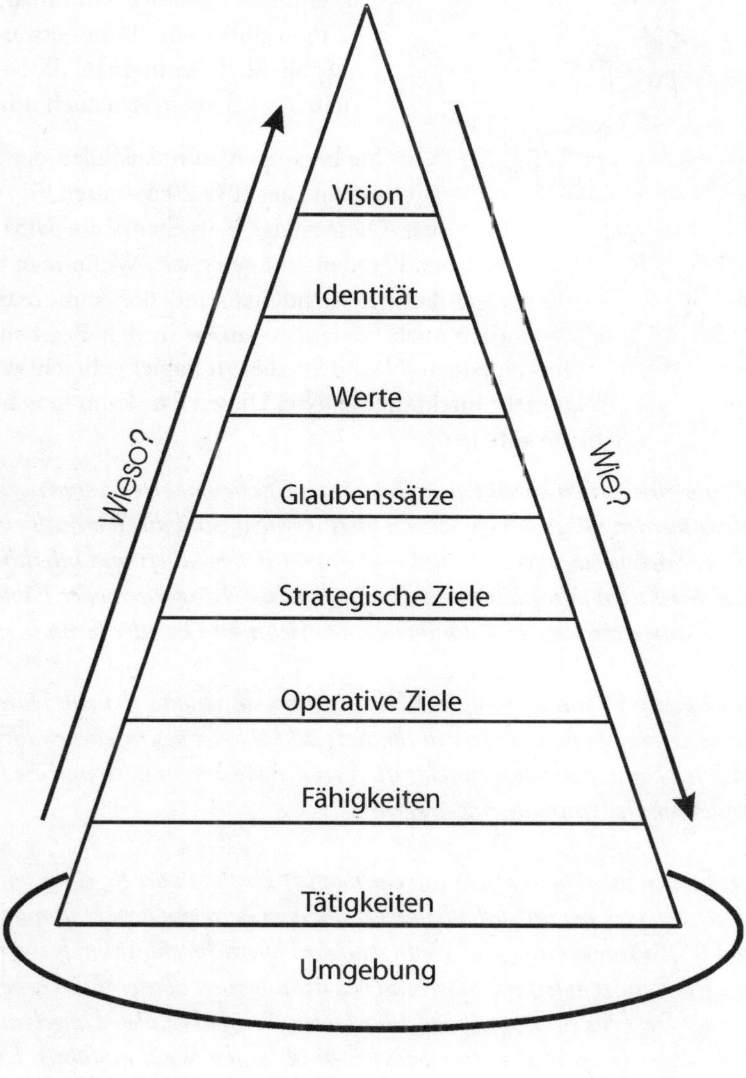

2.6.1.3 Mit (nur) neun Ebenen zur Strategie

Das Ausfüllen der Unternehmenspyramide ist der erste Schritt zur Strategieentwicklung. Dabei beginnen die meisten von unten – bei der Umgebung – und gehen Ebene für Ebene bis zur Vision nach oben. Das ist angenehm, weil man so vom Konkreten,

Sichtbaren immer mehr Richtung Idee und Ideal vordringt. Manche starten dabei hinwiederum ganz bewusst mit der Vision und arbeiten von dort nach unten. Andere Anwender der Unternehmenspyramide arbeiten gerne spontan, wie bei einer Mindmap, also immer dort, wo ihnen etwas einfällt. Schließlich kann man die verschiedenen Vorgehensweisen auch mischen.

Sie benötigen zum Ausfüllen der Pyramide in einem Zug etwa 20 Minuten bis zwei Stunden. Diese zügige Vorgehensweise wird von meinen Kunden sehr geschätzt. Wenn man gerne länger darüber nachdenken möchte, kann man sich natürlich auch Gedankenpausen in den Bearbeitungsprozess einbauen. Nachdem alles zu Papier gebracht worden ist, folgt meist direkt die Analyse. Diesen Part kann man in mehrere Schritte aufteilen:

a) Sind die Ebenen formal korrekt ausgefüllt? Das heißt beispielsweise, sind dort, wo Sätze formuliert werden sollten, auch Sätze notiert worden? Sind die Werte als einzelne Begriffe bzw. Stichworte aufgelistet und sind sie positiv formuliert und inhaltlich positiv? Sind bei den Zielen fälschlicherweise bereits erreichte Tätigkeiten oder Fähigkeiten zu finden? (Dann setzt man diese Punkte an den richtigen Ort oder formuliert sie um.)

b) Sind die Ebenen inhaltlich komplett? Das bedeutet, dass man sich beim Durchlesen der Pyramide ein klares und in etwa vollständiges Bild von der beschriebenen Firma/Abteilung machen kann. Falls etwas unklar ist, fragt der Moderator nach und die Ergänzungen werden in die Pyramide eingetragen.

c) Sind die Ebenen inhaltlich harmonisch zueinander? Dies ist in der Regel der wichtigste Arbeitsschritt. Schauen wir uns deshalb nun an, wie das Ganze mit dem Hilfsmittel der WIESO- und WIE-Pfeile vor sich geht? Wenn man die Unternehmenspyramide von unten nach oben analysiert, fragt man sich, ausgehend von der untersten Ebene: Wieso haben wir diese Umgebung? Die beste Antwort darauf sollte lauten: Wir haben diese Umgebung, weil wir innerhalb dieser Umgebung unsere Tätigkeiten in idealer Weise ausführen können. Die nächste Frage bezieht sich auf die Tätigkeiten. Wieso tun wir was wir tun? Und die logische Antwort sollte sein: Weil wir dazu besonders befähigt sind bzw. Mitarbeiter haben, die in diesen Tätigkeitsbereichen hohe Fähigkeiten besitzen. Die Frage WIESO von der Ebene der Fähigkeiten zu den Zielen sieht so aus: Warum haben wir diese Fähigkeiten oder warum nutzen wir diese Fähigkeiten in unserem Unternehmen? Weil diese Fähigkeiten dafür sorgen, dass unsere Ziele erreicht werden. Die nächste Frage weist von der Ebene der Ziele zum

Bereich der strategischen Ziele, sie lautet: Wieso haben wir diese Ziele? Weil wir mit diesen Zielen unsere strategischen Ziele verwirklichen können. Der nächste Schritt geht von der Ebene der strategischen Ziele zum Bereich der Glaubenssätze. Wieder heißt die Frage, wieso haben wir diese strategischen Ziele? Weil diese mit unseren Glaubenssätzen übereinstimmen bzw. weil sie ein Ergebnis unserer Überzeugungen sind. Der nächste Schritt von der Ebene der Glaubenssätze zur Ebene der Werte erfolgt wiederum mit der Frage wieso: Wieso haben wir diese Glaubenssätze? Weil diese Glaubenssätze eine sinnvolle Konkretisierung unserer Werte darstellen. Den nächsten Schritt aufwärts gehen wir von den Werten zur Identität und wiederum lautet die Frage: Wieso haben wir diese Werte? Und die Antwort sollte ergeben: Wir haben diese Werte, weil unsere Identität diese Werte beinhaltet, oder weil unsere Identität zu diesen Werten führen muss. Die letzte Frage ist dann die Blickrichtung von der Identitätsebene zur Vision. Wieso haben wir diese Identität? Die Antwort sollte dort heißen: Wir haben diese Identität, weil diese Identität in idealer Weise unsere Vision unterstützt oder weil wir in idealer Weise mit dieser Identität diese Vision erreichen und leben. Durch diese Struktur wird eine Verbindung zwischen den täglichen Aktionen bis hinauf zur Vision geschaffen. Wenn nun ein Mitarbeiter den Telefonhörer abnimmt und mit einem Kunden telefoniert, dann weiß er, dass er damit zur Realisierung der Unternehmensvision beiträgt.

d) Von oben nach unten arbeitet man mit der Frage WIE? Dies passt seltener und im Wesentlichen ist es bei Start-up-Unternehmen oder in ganz neuen Bereichen sinnvoll. Nehmen wir an, wir wären beim Start-up von Coca Cola, so hätten wir die Vision: „Place a coke in the reach of every human being on the planet". Wenn wir diese Aussage gemacht haben, fragen wir: Wie muss unsere Identität sein, damit wir das erreichen können? Wie müssen unsere Werte sein, damit wir diese Identität verwirklichen können? Wie müssen unsere Glaubenssätze sein? Etc. So arbeitet man sich in der Pyramide systematisch durch die Frage „Wie?" von oben nach unten. Man kann auch nur aus Interesse bei anderen als Start-up-Situationen mit der Frage „Wie?" von oben nach unten die innere Logik von einer Ebene zur anderen und innerhalb der gesamten Pyramide überprüfen. Harmonieren alle Bereiche miteinander und werden ihre Inhalte umgesetzt und gelebt, ergibt sich daraus ein „ideales" Unternehmen. Wenn etwas nicht passt, überlegt man sich einerseits neue Formulierungen und ob man irgendwelche Maßnahmen ergreifen muss. Oft sind unstimmige Formulierungen auch ein Zeichen von Fehlern oder Problemen in der realen Situation des Unternehmens/der Abteilung. Selbstverständlich sollen diese Schwierigkeiten aus dem Weg geräumt werden, nachdem man sie durch die Analyse mit der Unternehmenspyramide entdeckt hat.

2.6.1.4 Anwendungs-Checkliste

Für wen, in welchen Situationen und für welche Ziele ist diese Art der Strategiearbeit besonders sinnvoll?

Für wen?

- Geschäftsleitungsmitglieder kleiner und mittlerer Unternehmen mit ca. 1 bis 1000 Mitarbeiter
- Führungskräfte großer Unternehmen, die die Unternehmenspyramide als Strategie- und Führungstool in Abteilungen nutzen

In welcher Situation sinnvoll?

- Das Unternehmen/die Abteilung befindet sich gerade in, vor oder nach einer Veränderungsphase.
- Es gibt keine aktuelle Strategie oder sie wird nicht umgesetzt.
- Bei Mitarbeitern oder Führungskräften gibt es größere oder wichtige Veränderungen.
- Das Unternehmen/die Abteilung braucht Erneuerungen.
- Bei einer besonderen Marktsituation.
- Wenn das Unternehmen/die Abteilung zurzeit nicht erfolgreich genug ist.
- Es gibt Schnittstellenprobleme zwischen mehreren Abteilungen.
- Ein Teambuilding-Prozess soll mit der Verbesserung der praktischen Zusammenarbeit verbunden werden.

Welche Ziele werden erreicht?

- Erarbeiten von Strategie und Zielen zur Orientierung für die nächsten Jahre
- Analyse der Ist-Situation und Verbesserungsvorschläge
- Informationsaustausch zwischen verschiedenen Firmenbereichen
- Verbesserung der Zusammenarbeit
- Information von Mitarbeitern über die Strategie des neuen Chefs und umgekehrt
- Schulung von Führungskräften in strategischem, vernetztem Denken und Handeln
- Integration von zugekauften Unternehmen
- die Strategie für „alle“ Mitarbeiter transparent machen
- größere Ziele als bisher in Angriff nehmen
- das Unternehmen nach außen, gegenüber Kunden, Lieferanten, Investoren, potenziellen Mitarbeitern oder der Öffentlichkeit klarer darstellen
- die Motivation im Unternehmen steigern

2.6.1.5 Die Unternehmenspyramide – ein „geniales" Führungstool für tausendundeine Führungssituation

Die Unternehmenspyramide bietet sich also in vielen Bereichen und Situationen als äußerst nützliches Arbeits- und Denkmittel an. In der Geschäftswelt ist dieses Führungstool mittlerweile vielfältig und erfolgreich erprobt. Die neun Ebenen werden verwendet:

1. als Struktur zur Strategieentwicklung für Abteilungen und KMU,
2. zur Information von Mitarbeitern, Kunden und Lieferanten von Unternehmen,
3. zum Teambuilding,
4. als Leitfaden für (schwierige) Mitarbeiter- und Zielsetzungsgespräche,
5. zur Konfliktlösung und
6. als Coaching-Tool.

Deshalb eignet sich das Tool auch ganz allgemein zur Vermittlung an Führungskräfte. Konkret bedeutet das: In einem Seminar, in dem die Unternehmenspyramide benutzt und vermittelt wird, muss kein komplettes, im Alltag zusammenarbeitendes Team von Führungskräften und Mitarbeitern anwesend sein. Stattdessen können auch einzelne Führungskräfte aus Firmen oder Bereichen, die nicht direkt zusammenarbeiten, die Pyramide kennenlernen und für sich anwenden. Erst im zweiten Schritt nutzen sie sie in ihrer realen Arbeitsumgebung mit ihren Mitarbeitern oder mit Führungskollegen. Die Manager können die Unternehmenspyramide dann auch im Geschäftsalltag schnell und einfach ausfüllen und zur Analyse nutzen. Daraus leiten sie Schlussfolgerungen für ihren Bereich ab und informieren darüber. Oder Führungskräfte können ihre Mitarbeiter in Entscheidungsprozesse einbeziehen, indem sie die Pyramide gemeinsam mit ihrem Team betrachten.

Ein weiterer Vorteil der Arbeit mit der Unternehmenspyramide ist die Tatsache, dass man sie in allen Bereichen eines Unternehmens einsetzen kann. Das heisst, alle Führungskräfte nutzen die gleichen Ideen und Begriffe. – Praktisch kann man damit starten, dass die Geschäftsleitung eine Gesamtstrategie entwickelt. Als Nächstes erarbeitet die folgende hierarchische Ebene ihre Bereichspyramiden. Diese müssen die Gesamtstrategie unterstützen, fördern und umsetzen. Jede weitere Stufe in der Hierarchie kann dann wiederum mit dem gleichen Tool ihre Strategie so festlegen, dass sie die Bereiche, die ihnen übergeordnet sind, optimal fördern. Eine solche Vorgehensweise sorgt dafür, dass alle Teile eines Unternehmens „an einem Strang ziehen".

Man kann in manchen Situationen auch nur die Softfaktoren – ab den Glaubenssätzen aufwärts – als Führungstools verwenden. Sie eignen sich insbesondere dazu, Einstellungen einzelner oder mehrerer Mitarbeiter oder Führungskräfte zu erfassen, um Gemeinsamkeiten und Unterschiede herauszukristallisieren. So kann man Schlüsse für das Teambuilding ziehen und die Zusammenarbeit und Kommunikation verbessern. Übrigens: Um Kunden das Unternehmen vorzustellen, sind die vier oberen Ebenen der Unternehmenspyramide ebenfalls sehr gut geeignet.

Hat man die Unternehmenspyramide für eine Abteilung erstellt, kann jedes Mitglied des Arbeitsteams das eigene oder das Verhalten der anderen im Alltag mit der Pyramide abgleichen. So kann man sich gegenseitig anspornen, die meist hohen Ansprüche, die man sich selbst gesetzt hat, auch in die Tat umzusetzen. Dafür müssen natürlich eine gute Kommunikation und reichlich Vertrauen im Team vorhanden sein.

Darüber hinaus kann man die Unternehmenspyramide auch „nur“ zur Motivation nutzen. Dazu vergegenwärtigen sich die Führungsmitglieder des entsprechenden Bereiches und die dazugehörigen Mitarbeiter die begeisternden Punkte immer wieder in Besprechungen und Meetings. So kann sich der motivierende „Geist“, der in der Pyramide festgehalten ist, gut ausbreiten.

In Zielvereinbarungsgesprächen kann die Pyramide ebenfalls hervorragend eingesetzt werden. Zum Beispiel legt man ein operatives Ziel für oder mit dem Mitarbeiter fest. Dann arbeitet man sich auf den Ebenen nach unten und oben und hält fest, in welchem Bereich der Mitarbeiter eventuell Veränderungen vornehmen muss, um das Ziel zu erreichen.

Bei Einstellungsgesprächen ist die Unternehmenspyramide ebenfalls sehr nützlich, um den Bewerbern umgehend ein transparentes Bild des Unternehmens zu vermitteln. So können die möglichen künftigen Mitarbeiter sich leichter Klarheit darüber verschaffen, wie gut sie zum entsprechenden Unternehmen passen.

2.6.1.6 Was „bringt“ die Unternehmenspyramide den Anwendern?

Die Erstellung und Bearbeitung der Unternehmenspyramide macht eventuelle Schwierigkeiten der Ist-Situation erstaunlich schnell und deutlich sichtbar. Die notwendigen Veränderungen ergeben sich einfach und logisch. Die Arbeitsergebnisse sind leicht zu kommunizieren und wirken in der Regel auf Jahre hinaus richtungweisend, Erfolg steigernd und motivierend. Der Aufwand für das Erlernen des Modells – die investierte Zeit und das investierte Geld – ist sehr gering. Führungskräfte und Mitarbeiter können die Unternehmenspyramide schnell für ihre Verantwortungs- und Aufgabenbereiche umsetzen. Weitere Nutzenvorteile des Tools, in Stichworten, sind:

- Klärung der aktuellen Gesamtsituation eines Unternehmens oder Bereiches,
- Darstellung dieser Situation zur Information von Mitarbeitern,
- Darstellung des Unternehmens nach außen: für Kunden, Lieferanten, mögliche künftige Mitarbeiter und die Öffentlichkeit,

- Sichtbarmachung von Konflikten und Widersprüchen und deren Klärung,
- Motivation von Führungskräften und Mitarbeitern in Richtung auf die Unternehmensziele,
- ein Wir-Gefühl auch in heterogenen Leitungsteams sowie
- strategische, Ziel- und Handlungsklarheit für die nächsten zwei bis fünf Jahre.

2.6.2 Erfolgreiche Beispiele

Die hier beschriebenen Praxisbeispiele von Strategieentwicklungsprojekten mit der Unternehmenspyramide sind real und die Personen sind mit ihren tatsächlichen Namen erwähnt.

2.6.2.1 Das Kurzentrum Rheinfelden – vom Traditionsbad zum Wellness-Zentrum

Auch Unternehmen sind häufig gelähmt, weil Ziele und Perspektiven nicht eindeutig sind. Um erfolgreich zu sein, müssen Unternehmensziele klar sein, damit Mitarbeiter und Führungskräfte gemeinsam an einem Strang ziehen. Vor allem in Umbruchsphasen, sei es durch veränderte Marktsituationen oder rechtliche Regelungen oder durch interne Prozesse wie Führungswechsel, An- oder Verkauf von Unternehmensteilen, ist Strategiearbeit sinnvoll und notwendig.

Als mir im Frühsommer 2003 Dr. Kirchhofer vom Kurzentrum Rheinfelden einen Brief schrieb, war das mittelständische Unternehmen an einem Punkt der Neuorientierung. Es ging darum, in einem veränderten Umfeld die Kurzentrum Rheinfeldgruppe mit seinen Bereichen Gesundheitswesen (Kurklinik), Hotellerie (Parkhotel) und Wellness (Soleschwimmbad) zukunftsorientiert optimal und für die Anforderungen im Kur- und Gesundheitsbereich besser auszurichten. Da der mit der Unternehmenspyramide aufgebaute Beratungsprozess sehr straff und zielgerichtet strukturiert ist, überzeugte er Dr. Kirchhofer durch seinen pragmatischen Ansatz:

- *Die erste Ebene ist die gesamte Umgebung des Unternehmens und seines Umfeldes. Im Strategieprozess des Kurzentrums Rheinfelden wurden für die Geschäftsbereiche Hotel, Kurklinik, Kurzentrum Holding und Bäderbetriebe auf dieser Ebene alle wichtigen positiven wie negativen Punkte aufgenommen, die nötig waren, um sich den jeweiligen Geschäftsbereich in seinem Umfeld bildlich vorzustellen.*
- *Die zweite Ebene innerhalb der Unternehmenspyramide beschreibt die Tätigkeiten. Auch sie wurden für die verschiedenen Unternehmen im Detail angeschaut.*
- *Das nächste Niveau betrachtet die Fähigkeiten. Sie wurden in Rheinfelden für jeden Geschäftsbereich zusammengetragen und bewertet.*

- *Auf der vierten Ebene werden die Ziele bestimmt – operative sowie übergeordnete, strategische. Im Kurzentrum bedeutete dies etwa für die Salina Medizin AG, die Kurklinik innerhalb der Holding, dass man ein QM-System erarbeiten will, aber auch die Mitarbeiterzufriedenheit und das Verantwortungsbewusstsein optimieren möchte. Beim Park-Hotel standen die Steigerung des Cash Flows und die Verbesserung des Informationsflusses im Vordergrund.*
- *In Rheinfelden wurden die Glaubenssätze beispielsweise folgendermaßen formuliert:*
  „Die Kunden fühlen sich bei uns wohl." (Kurzentrum Holding und Wellness-Bad)
  „Wir leben von unseren treuen Stammkunden." (Park-Hotel)
  „Gute Medizin muss kommuniziert werden." (Salina Medizin AG)
- *Auf der sechsten Stufe wurden die Unternehmenswerte betrachtet. In Rheinfelden waren zentrale Begriffe: Kundenorientierung, Kompetenz, Zuverlässigkeit, Teamgeist und Freundlichkeit.*
- *Um die Identität geht es auf der vorletzten Ebene. Wer sind wir als Unternehmen? Hier dürfen auch noch nicht ganz erreichte ideale Vorstellungen genannt werden, da sie Besitzer, Mitarbeiter und Kunden motivieren, in und mit diesem Betrieb zu arbeiten. Das Kurzentrum Rheinfelden hat auf dieser Ebene in allen seinen Geschäftsfeldern Kompetenz in den Vordergrund gestellt sowie an die Tradition des Hotels und Badebetriebes angeknüpft.*
- *Das oberste und gedanklich weiteste Konzept stellt die Vision dar. Was ist die höchste Vorstellung über das Unternehmen und sein Wirken? Die Vision ist die tragende und motivierende Idee, die als Leitgedanke wirkt und zugleich auch durch das Unternehmen verwirklicht wird. Auch die Vision wurde für jeden einzelnen Betrieb der Rheinfelden Holding möglichst präzise definiert und klar formuliert.*

Diese fokussierte Struktur bietet einerseits eine klare Orientierung und andererseits eine große, der jeweiligen unternehmerischen Ausgangssituation angepasste Flexibilität. Das Kurzentrum Rheinfelden mit seinen verschiedenen Geschäftsfeldern zeigt, dass die Struktur situativ, je nach Bereich oder Problemstellung, angepasst werden kann. Das in der strategischen Unternehmenspyramide strukturierte Vorgehen wurde in Rheinfelden in einem effektiv organisierten, kurzfristigen Prozess stufenweise umgesetzt und anschließend modulartig im Unternehmen eingesetzt.

Der Start war ein anderthalbtägiger Workshop mit dem CEO, Verwaltungsrat und den Leitern der vier Bereiche. In diesem Workshop wurde die übergreifende Pyramide für die Holding aufgebaut. Der nächste Schritt waren vier eintägige Workshops, in denen den Vertretern der verschiedenen Geschäftsbereiche die Pyramide „Unternehmensgruppe" präsentiert wurde. Anschließend entwickelten die Teilnehmer die Pyramide für ihren jeweiligen Bereich und präsentierten diese den anderen. Nach Austausch und Diskussion wurden für das Park-Hotel, die Salina Medizin AG, das Kurzentrum Badebetrieb „Sole Uno" und die Kurzentrum-Verwaltung Bereichspyramiden verabschiedet.

Nach den Workshops wurden die Ergebnisse in den jeweiligen Bereichen verarbeitet und danach in einem weiteren halbtägigen Workshop allen an den vorherigen Veranstaltungen Beteiligten (ca. 30 Personen) präsentiert und erneut diskutiert. Letzte Ideen wurden formuliert und als Gesamtstrategiekonzept festgehalten. Jeder Teilnehmer erhielt einen Papierwürfel, der mit den Holding-Ergebnissen (Vision bis Glaubenssätze) bedruckt war. Der gesamte Prozess fand zwischen August und November 2003 mit insgesamt sechs Workshoptagen statt. „Wir waren alle beeindruckt von der Effizienz und der Zielorientierung des Prozesses", resümiert Dr. Thomas Kirchhofer, Präsident und Delegierter des Verwaltungsrates.

Im Jahre 2004 hat Dr. Kirchhofer alle Mitarbeiter schrittweise in mehreren Veranstaltungen über die Arbeitsergebnisse und die künftige Strategie des Unternehmens informiert. Alle Maßnahmen, die in den einzelnen Workshops für die verschiedenen Bereiche des Kurzentrums Rheinfelden verabschiedet worden waren, wurden schrittweise umgesetzt. Der Erfolg ließ sich im selben Jahr bereits in Zahlen messen. Das Geschäftsjahr 2004 wurde für das Kurzentrum Rheinfelden mit einem satten Umsatzplus abgeschlossen, das Wellnessbad „Sole Uno" verzeichnete einen Besucherrekord. Das erarbeitete Strategiemodell der Pyramide wird bis heute in Besprechungen, Planungen und neuen Zielsetzungen der verschiedenen Unternehmen eingesetzt. Zudem nutzt Dr. Kirchhofer mit seinem Team die Unternehmenspyramide als Tool zur Strategieentwicklung in anderen Projekten nun selbstständig.

2.6.2.2 Die HOWAG Kabel AG

Das Strategiemodell der Unternehmenspyramide überzeugte auch Rolf Lüscher, den Geschäftsführer der HOWAG Kabel AG. In nur knapp zwei Tagen, einschließlich Vor- und Nachbereitung, erarbeiteten er und seine Kollegen der erweiterten Geschäftsleitung mit mir die für das Unternehmen gültigen Strategiegrundsätze. Vision, Identität, Werte und Glaubenssätze wurden fixiert und kommuniziert. „Die Arbeit geht natürlich noch weiter, aber wir haben klare Ziele gesetzt und eine Vision formuliert, in welche Richtung es in Zukunft gehen soll", resümiert er. Nicht nur die Beschäftigten haben eine klare Vorstellung, welche Ziele HOWAG verfolgt – auch die Kunden und Lieferanten profitieren von dem Strategieprozess.

Im Folgenden finden Sie die Darstellung der Unternehmenspyramide der HOWAG Kabel AG.

Wenn Kabel – dann HOWAG

Vision

Ihr Partner für: *Kabelkonfektion*
Baugruppen
Engineering *durch......*

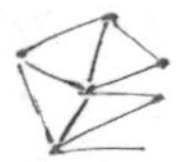

Verbinden

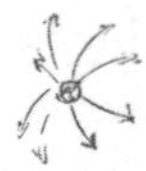

Verteilen

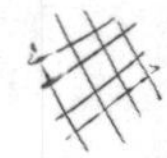

Vernetzen

Identität

Wir sind der kompetente Spezialist in der Kabelkonfektion.
Wir sind das Produktions- und Dienstleistungsunternehmen auf Kundenwunsch.
Wir sind ein Schweizer Unternehmen.

Werte

Kundenorientierung
Flexibilität
Zuverlässigkeit
Erfolg

Qualität
Innovation
Begeisterung
Teamorientiert

Dynamik
Verbesserungsfähig
Offenheit
Ehrlichkeit

Glaubenssätze

Wille führt zum Erfolg.
Verkauf ist überall.
Wir bieten hohe Qualität.
Leistungssteigerung macht Spaß.

Wir arbeiten ziel- und kundenorientiert.
Wir sind die Kabelplattform.

Wir sind ein starkes Team.
Wir sind hoch motiviert.
Hart in der Sache, weich zum Menschen.

Wir arbeiten mit Freude.
Gut ist besser als perfekt.
Wir unterscheiden zwischen wichtig und dringend.

Text	Ebene
Selbstverständlich gab und gibt es bei der HOWAG Kabel AG strategische und operative Ziele. Aus sicher verständlichen Gründen der Geheimhaltung innerhalb des Wettbewerbs werden diese hier jedoch nicht veröffentlicht.	Strategische Ziele · Operative Ziele · 2006
Planen, organisieren, realisieren, koordinieren. Gute Material- und Fertigungskenntnisse in der Konfektions- und Steuerungsbranche. Rasche Ausführung der Aufgaben (Zeit ist Geld). Sehr gute EDV-Nutzung (optimieren). Wir reden nicht nur, sondern handeln. Wir erfüllen Kundenwünsche (Dienstleistungen für den Kunden).	Fähigkeiten
Mitarbeiter/innen motivieren. Wir verkaufen beim Kunden. Wir verhandeln. Wir lösen Kunden„probleme“ und denken vernetzt. Baugruppenmontage, Kabelkonfektion, Steuerungsbau, Spiralisieren Stecker an- und umspritzen, Kabelfertigung (maschinelle und Handarbeit). Zuverlässigkeit, wir reden offen miteinander. Wir informieren die Mitarbeiter. Wir bilden Lehrlinge aus. Wir suchen ständig nach neuen Ideen. Wir machen ein Mitarbeiterfest.	Tätigkeiten
Produktionsstandort Schweiz 70 Jahre HOWAG Zentraler Unternehmensstandort Schlanke operative Organisation Gute EDV Kunden denken immer internationaler Lohnniveau Schweiz	Umgebung

2.6.2.3 Die Generalagentur Liestal/Fricktal der Basler Versicherungen

Dieses Beispiel zeigt, dass die Strategieentwicklung mit der Unternehmenspyramide auch für Abteilungen und Bereiche von größeren Unternehmen sehr nützlich sein kann.

In der Basler Versicherungen existierte bereits eine Strategie für das gesamte Unternehmen. Die Führungskräfte und Mitarbeiter der Generalagentur Liestal/Fricktal, geleitet von Herrn Christian Blaser, Generalagent, wollten die Strategie der Unternehmung auf einfache Weise schnell und systematisch auf die Generalagentur umsetzen. Bei der Anpassung der Strategie wurden die Ziele und die Rahmenbedingungen der Generalagentur berücksichtigt. Deshalb wurde in einem eintägigen Workshop mit den Führungskräften die Unternehmenspyramide entwickelt. Anschließend konnten die Führungskräfte die Pyramide mit allen Mitarbeitern weiter anpassen und gemeinsam aufbauen. Zu allen Aussagen muss ein eigener Maßnahmenplan ausgearbeitet werden. Die Mitarbeiter verstehen damit die Strategie der Unternehmung und können ihre persönlichen Aufgaben besser wahrnehmen. Später wurde die Strategie immer wieder den neuen Jahreszielen oder veränderten Bedingungen angepasst und vom gesamten Team periodisch überprüft. Das Modell wurde und wird bis heute in vielen weiteren Führungs- und Teamsituationen mit großem Erfolg von Herrn Blaser selbstständig eingesetzt.

Vision

Wir sind der bevorzugte Vertrauenspartner unserer Zielkunden in der Region und werden damit zur Ertragsperle.

Identität

Wir sind Partner und Berater unserer Kunden.
Wir sind die erfolgreichsten Verkäufer.
Wir sind ein gut funktionierendes Team.
Wir sind erfolgreiche angestellte Unternehmer.

Werte

Ehrlichkeit – Vertrauen – Kompetenz – Kundenorientierung – Berufsfreude – Erfolg – Work-Life-Balance – Teamorientierung – Mut – Begeisterung – Einsatzbereitschaft

Glaubenssätze

Wir haben Spaß an der Arbeit.
Wir sind begeistert.
Wir funktionieren als Team.

Wir glauben an unseren Erfolg.
Wir konzentrieren uns aufs Wesentliche.
Wir sind kreativ.
Wir sind der Partner unserer Zielkunden.

Strategische Ziele
Top 5
Nr. 1 im Gebiet
Die Leute kennen uns.
Beste Qualität bei Produkten, Mitarbeitern und Dienstleistungen

Operative Ziele
Zahlenziele

Fähigkeiten
Lernfähigkeit – Feedback-Kultur – Produkte – dienen – belastbar – zuhören können – analysieren – sehr gut beraten – kommunikativ – aktiv

Tätigkeiten
Coaching – Ausbildung – regelmäßige Kommunikation ID, AD und Kader – Controlling – Verkauf

Umgebung
Gute Infrastruktur – Direktion – Hauptsitz – Nachbarn – Agenturen – Mitbewerber – Mitarbeiter/Innen

Foto der Generalagentur in Liestal

Die Unternehmen und Abteilungen, die mit mir ihre Strategie auf der Grundlage der Unternehmenspyramide entwickelt haben, mussten die Gedanken selbstverständlich erst im Unternehmens- und Arbeitsalltag umsetzen, um den Erfolg zu ernten. Zur Umsetzung gehören:

- die Information aller Mitarbeiter, Kunden und Lieferanten;
- jährliche Festlegung der neuen Jahresziele;
- Nutzung der Strategie als Richtlinie in möglichst vielen Besprechungen;
- Berücksichtigung des Erarbeiteten bei der Mitarbeiterbeurteilung und Motivation;
- Visualisierung der Strategie im Internetauftritt und an passenden Orten im Unternehmen.

Als Fazit für die Umsetzung der Unternehmenspyramide in den Unternehmensalltag soll die folgende Aussage von Herrn Blaser dienen: *„Das Modell dient der Führungskraft als gutes Werkzeug für die tägliche Arbeit. Mit dem Modell alleine kommt der Erfolg noch lange nicht. Der Erfolg kommt mit der stetigen und konstanten Arbeit mit der Pyramide. Sie darf gelebt werden! – Das Tool ist als Hilfsmittel für mich perfekt. Der Erfolg kommt langfristig und nachhaltig. Man erkennt für die Aufgabe als Führungskraft immer neue Möglichkeiten."*

2.7 Zusammenfassung des zweiten Kapitels

Was bietet Business-NLP den Führungskräften? Darum geht es in diesem Abschnitt. Das ZZG-Modell mit den Bereichen Zielklarheit, Zustand und Guter Kontakt ist ein Gradmesser für die kommunikative Führungsstärke. Die einzelnen Bereiche können mit den dargestellten Methoden und Übungen trainiert werden.

NLP-Elemente sind eine Checkliste für die Führungsqualität von Menschen. Das verwundert nicht, da NLP aus der Beobachtung von exzellent agierenden Menschen abgeleitet ist. Deshalb sind einige Elemente und Techniken dargestellt, die man zur Verbesserung der Führungsfähigkeiten nutzen kann.

Den Abschluss des Kapitels bildet das Thema Strategieentwicklung für Abteilungen, Bereiche und Unternehmen. Das Tool, die „Unternehmenspyramide“, abgeleitet aus den Logischen Ebenen, die Vorgehensweise und drei erfolgreiche Praxisbeispiele sind hier beschrieben.

3. Mit NLP noch mehr Erfolg und Freude im Verkauf

Was bietet NLP diesem Arbeitsfeld, den Verkäufern und den Kunden? – In kaum einem anderen Praxisgebiet ist eine exzellente Kommunikation in der heutigen Zeit so wichtig wie im Verkauf. Die Produkte und Dienstleistungen werden immer anspruchsvoller, spezialisierter und komplexer. Dadurch sind die Kunden immer stärker auf eine hervorragende Information und Beratung durch die jeweiligen Verkäufer angewiesen. Ist der Verkäufer dazu nicht in der Lage, verliert er Kunden.

Grundsätzlich ist Business-NLP also für alle Verkäufer interessant, weil jeder mit NLP seine Kommunikationsfähigkeiten einschätzen und verbessern kann. Ganz besonders passend scheint mir neben den Dienstleistungsbereichen NLP für Vertriebsingenieure, Techniker, IT-Spezialisten, Architekten und ähnliche Berufsgruppen. Die pragmatische, klare, kommunikationstechnische Herangehensweise an menschliche und psychologische Themen kommt dabei der wissenschaftlichen und technischen Denkweise dieser Ausbildungsrichtungen sehr entgegen. Außerdem werden in technischen und industriellen Unternehmen die Vertriebsleute zunehmend nach ihrer fachlichen Qualifikation und nicht nach verkäuferischen Fähigkeiten ausgewählt, weil Ersteres ein Musskriterium ist. Deshalb haben diese Vertriebsleute auch eher einen Nachholbedarf im professionellen Umgang mit Menschen und im Verkauf.

Schließlich sind sehr viele Märkte heute gesättigt. Es gibt meist sogar ein Überangebot und den damit verbundenen Verdrängungswettbewerb. Damit Unternehmen in diesem Umfeld bestehen können, sind auch die Verkäufer sehr gefordert. Was liegt da näher, als sich mit NLP zu beschäftigen, um möglichst optimal auf die oft sehr vielen und unterschiedlichen Kunden-Menschen einzugehen, mit denen jeder Verkäufer täglich zu tun hat?

3.1 Die Vorbereitung

Insgesamt ließe sich zu diesem Thema noch sehr viel mehr sagen als das Folgende. Da es in diesem Buch allerdings um erfolgreiche Praxis-Tools des Business-NLP geht, fallen alle allgemeinen Tipps und Themen zur Vorbereitung des Verkaufs, wie Werbematerial und -Medien, Kundengeschichte, ABC-Analysen, Tourenplanung, CRM-Systeme etc. weg.

3.1.1 Die Einstellung zum Verkauf

Eine Studie der Harvard Universität mit 16.000 Verkäufern belegt, dass der entscheidende Unterschied zwischen normalen und hervorragenden Verkäufern allein in ihrer Einstellung und Motivation begründet ist. Es sind die „Begeisterung" und das „Selbstbewusstsein", die die Topverkäufer zu ihren überdurchschnittlichen Leistungen befähigen. Erfahrung, Alter, Ausbildung und Herkunft spielen interessanterweise keine wesentliche Rolle. Ein Spitzenverkäufer macht bis zu 16 Mal so viel Umsatz wie seine Kollegen mit den gleichen Produkten oder Dienstleistungen.

Damit die Begeisterung ehrlich und überzeugend ist, muss die innere Einstellung des Verkäufers zu sich selbst, gegenüber den Kunden, dem Verkauf und den eigenen Produkten positiv sein. – Allerdings ist das Verkaufen für viele Menschen und natürlich auch für viele Verkäufer mit ambivalenten Vorstellungen besetzt. Auf der einen Seite ist der Vertrieb eine interessante, oft gut bezahlte und abwechslungsreiche Tätigkeit. Dem gegenüber steht aber das vielfach negative Image vom „typischen Verkäufer". Bekannte Thesen hierfür: Dieser „Kaffeetrinker" und „Autofahrer" verspricht viel und hält es oft nicht, ist nur am eigenen Umsatz und nicht am Wohl des Kunden interessiert usw. Deshalb ist es für Verkäufer wichtig, für sich und ihre beruflichen Aufgaben die bestmögliche innere Einstellung zu haben oder zu entwickeln.

3.1.1.1 Meine momentane Einstellung zum Verkauf

Im Folgenden können Sie – egal, ob Sie Verkäufer sind oder nicht – Ihre momentane Einstellung zum Verkauf herausfinden. Auch „Nichtverkäufer" müssen immer wieder mal ihre Arbeit, Ideen und Projekte an Kollegen, Chefs oder auch zu Hause „verkaufen". Und wie immer beim NLP sind die Übungen einfach anregend und machen Spass ...

Gehen Sie dafür Ihre Lebensgeschichte von Anfang an durch. Dabei geht es natürlich nicht um jeden einzelnen Einkauf oder Verkauf, den Sie erlebt haben. Es geht nur um die relevanten, eindrucksvollen oder sich oft wiederholenden Ereignisse, die Sie zu diesem Thema in Ihrer Geschichte finden können. Am besten lassen Sie sich von einigen Fragen inspirieren:

- *Was waren Ihre ersten Erfahrungen mir dem Kaufen oder Verkaufen?*
- *Haben Sie Kaufladen gespielt? Und wie fanden Sie das?*
- *Was wurde, als Sie klein waren, um Sie herum gesagt und getan in Bezug auf Kaufen, Verkaufen und Geld?*
- *Was haben Ihre Eltern beziehungsweise Erziehungsberechtigten gesagt und getan?*
- *Wie war das bei Ihren Geschwistern und nahen Verwandten?*
- *Wie sah es bei Ihren Kindheitsfreunden und in deren Familien zu diesem Thema aus?*
- *Was haben Sie in der Schule dazu gehört und erlebt?*
- *Wie war die Stimmung zum Verkaufen und Geld während Ihrer Berufsausbildung oder während des Studiums? Was wurde dort gedacht, gesagt und getan?*
- *Welche weiteren relevanten, besonders schönen oder eventuell unangenehmen Erfahrungen haben Sie in diesem Bereich bis heute gemacht, die Ihre Einstellung zum Verkauf geprägt haben?*

Machen Sie diese Übung, wenn Sie sich schriftlich und systematisch mit Ihrer derzeitigen persönlichen Einstellung zum Verkauf beschäftigen möchten. Beantworten Sie bitte nur die Fragen, die für Ihre Einstellung interessante Antworten ergeben. Streichen Sie sich dazu „Ihre" Fragen an, bevor Sie sie beantworten.

3.1.1.2 Wie entwickelt man die ideale Einstellung zum Verkauf?

Dieses „Ideal" ist natürlich individuell und subjektiv. Es ist sinnvoll und sehr vorteilhaft, die angenehmste, nützlichste und ehrlichste Meinung zu einer Verkaufstätigkeit zu entwickeln und sich anzueignen.

Welche Einstellung wollen oder brauchen Sie? Welche positive Einstellung entspricht Ihnen ehrlich? Welche will oder braucht Ihr Chef, oder Ihr Unternehmen von Ihnen? Wenn Sie sich (eventuell schriftlich) mit Ihrer optimalen Einstellung zu Ihrer Verkaufstätigkeit beschäftigen möchten, finden Sie hier eine Übungsanleitung dazu. Seien Sie dabei ehrlich zu sich und schreiben Sie nur positive Dinge auf, hinter denen Sie wirklich stehen können.

Nun folgen zur Inspiration einige Beispiele für gute Einstellungen. Sie können in fünf verschiedene Bereiche aufgeteilt werden: die gute Meinung über 1.) sich selbst, über 2.) das Produkt oder die Dienstleistung, 3.) das Unternehmen, für das man arbeitet, und natürlich über 4.) die Kunden und 5.) die Aufgabe.

Zum ersten Punkt könnte sich die positive Einstellung in z.B. folgenden Sätzen formulieren lassen: „Ich mag mich. Ich mache meine Arbeit sehr gut. Andere Menschen mögen mich. Es ist eine Freude, mit mir zu arbeiten. Meine Intentionen sind immer konstruktiv.

Ich tue alles, um jede Situation zur allseitigen Zufriedenheit/Freude/Begeisterung zu lösen. Ich tue alles, was möglich ist. Ich bin sicher in meinem Denken und Handeln. Ich bin professionell. Meine Arbeit wird geschätzt. Kommunikation ist mir ein Vergnügen."

Für den zweiten Bereich könnte formuliert werden: „Unsere/meine Produkte/Dienstleistungen sind gut/hervorragend/ausgezeichnet/sehr gut/überdurchschnittlich/sehr wertvoll/ausgereift/etwas Besonderes/äußerst nützlich ... Die Kunden sind mit unseren Produkten sehr zufrieden. Unser Preis-/Leistungsverhältnis stimmt/ist ausgezeichnet/sehr gut ... Unsere Produkte sind immer auf dem neuesten Stand. Unsere Produkte sind sehr hilfreich und nützlich."

Zum dritten Punkt könnte man sagen: „Unser Unternehmen ist bestens organisiert und geführt. Unsere Mitarbeiter sind hoch qualifiziert. Gemeinsam sind wir stark. Wir unterstützen uns gegenseitig. Bei uns herrscht ein gutes/hervorragendes Arbeitsklima. Die Kunden sind begeistert von uns. Wir sind innovativ. Wir haben eine lange und gute Tradition. Wir sind erfolgreich."

Der vierte Aspekt kann in folgende Worte gefasst werden: Unsere Kunden sind gut/zuverlässig/zahlungsfähig/freundlich. Wir haben eine Leistungspartnerschaft mit unseren Kunden. Die Forderungen unserer Kunden sind berechtigt und maßvoll. Der Kunde ist König/der Kunde ist unser Partner. Es ist eine Freude, die Anforderungen unserer Kunden zufrieden zu stellen/zu übertreffen."

Die positive Einstellung zur Aufgabe könnte wie folgt lauten: „Arbeit macht Spaß. Meine Aufgabe ist wichtig. Leistungen zu erbringen ist ein Vergnügen. Es macht Freude, mehr zu geben als die anderen/Kunden erwarten. Jemanden positiv überraschen ist schön. Ich liebe meine Tätigkeiten. Ich mache meine Arbeit gerne. Genau und gut sein zahlt sich aus. Der Umgang mit Kunden macht Spaß. Menschen und Kunden interessieren mich. Ich kann mich für meinen Alltag begeistern. Ich bin dankbar, dass ich meinen Beruf habe. Ich kann mich jeden Tag darüber freuen.

Die gerade erwähnten Beispiele sollen Sie nur anregen und inspirieren Ihre eigenen positiven Einstellungen zu finden. Am besten findet man nämlich in sich selbst die „genau richtige" Formulierung. Falls Sie oben gleichwohl etwas finden, zu dem Sie aus vollem Herzen „Ja" sagen können, dann übernehmen Sie es einfach in Ihre Liste. Es kommt nicht darauf an, möglichst viele positive Ansichten zu haben, sondern darauf, dass Sie genügend (drei bis sieben) gute, für Sie persönlich wahre Meinungen in sich tragen, sodass Sie sich ganz darauf konzentrieren können. Oder anders ausgedrückt, dass Sie ganz damit erfüllt sind.

Wenn Sie Ihre Liste gemacht haben, können Sie sich intensiv (VAKO-mäßig) in die entsprechenden Zustände hineinversetzen. Oder Sie lesen die Aussagen immer wieder für einige Tage bis zu zwei Monaten. Sie können die Inhalte auch in „Morgenfragen" einbauen. Mit solchen Verankerungs- oder Konditionierungsübungen wird die positive Einstellung in Ihnen lebendig und wahr.

3.1.2 Die Vorbereitung – den Kunden kennen

In diesem Abschnitt geht es um die NLP-Elemente, die sich zur Einordnung und Analyse von Kunden sowie ihren Vorlieben und Bedürfnissen nutzen lassen.

3.1.2.1 Das S/L-Prinzip – die Grundmotivation des Menschen bzw. Kunden ...

Es gibt ein grundlegendes biologisches Programm, welches das Verhalten aller Lebewesen steuert. Das Programm lautet:

⇝ Vermeide Schmerz (= Tod) und suche Lustgewinn (= Überleben)!

Dieses Gesetz gilt für das einfache einzellige Lebewesen ebenso wie für den Menschen. Je entwickelter das Lebewesen ist, desto komplexer werden die Verbindungen und Programmierungen bezüglich dessen, was Schmerz und/oder Lustgewinn bedeutet.

Die grundlegenden Motivatoren des Menschen:

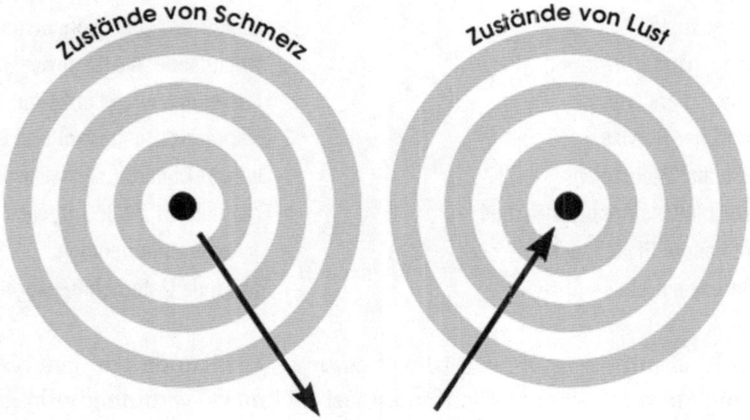

Menschen tun, was Sie tun, um Schmerzen zu vermeiden und Lustgewinn zu erlangen.

Die Notwendigkeit, Schmerz zu vermeiden und so Gefahren aus dem Weg zu gehen, ist das wichtigere Überlebensprinzip. Sonst wären wir „Lebewesen" nämlich schon „fressenderweise" gefressen worden. Auch das Gehirn unterstützt dieses Grundprogramm. Negative Erfahrungen werden besser in den Gehirnzellen abgespeichert als positive. Menschen unternehmen demzufolge mehr und reagieren schneller, um „Schmerz" zu vermeiden, als um „Lustgewinn" zu erreichen.

3.1.2.2 Lustgewinn und Schmerzvermeidung beim Kaufen!?!

Welche Punkte bedeuten beispielsweise Schmerzvermeidung oder Lustgewinn für einen Kunden in Bezug auf den Kauf einer Dienstleistung oder eines Produktes?

Schmerz, den ein Käufer vermeiden möchte

- Richtlinie/Norm nicht einhalten können
- Wichtige Neuerungen verpassen
- Schlechter als Wettbewerber sein
- Beschwerden von Kunden
- Kritik vom Chef
- Zu viel Geld für Produkt bezahlt
- Risiko von Produktmängeln
- Gesamtleistung unübersichtlich
- Unsicherheit bei neuer Technik/Methode
- Über den Tisch gezogen werden
- Lieferschwierigkeiten
- Produktionsausfall
- Schwierige, häufige Wartung
- „Arroganter" Verkäufer
- Unfreundlicher Service
- Keine Hilfe bei Problemen
- Viele verschiedene Ansprechpartner
- Lieferant könnte Pleite machen
- Zu großer/kleiner Lieferant

Lustgewinn beim Kauf

- Top-Produkt/Dienstleistung
- Bewährter, guter Lieferant/Partner
- Gute/bewährte Qualität
- Das Allerneueste/„Tollste"
- Innovativer Lieferant
- Günstiger Preis/Preisleistung
- Sichere Leistung/Lieferung
- Schnelle Abwicklung
- Vereinfachung/Verbesserung
- Wettbewerbsvorsprung
- Liebenswürdiger, geschätzter Verkäufer
- Beeindruckendes, angenehmes Verkaufserlebnis (Lage der Firma, Optik, Umgebung, alle Mitarbeiter, Art der Gespräche, Restaurant und Essen ...)
- Gut erreichbarer, schneller Service
- Freundlicher 24/365-Service
- Sicheres Unternehmen
- Passende Unternehmensgrößen

Um einen Kauf unbedingt tätigen zu wollen, muss der Kunde mit dem Kaufen viel „Lustgewinn" und mit dem Nicht-Kaufen viel „Schmerz" verbinden. Ein guter Verkäufer muss seinem Kunden diese Konsequenzen verdeutlichen und erlebbar machen. Wenn ein Interessent nicht kauft, dann bedeutet das, dass er mit Kaufen mehr „Schmerz" und weniger „Lustgewinn" verbindet als mit dem Nicht-Kaufen. Es lohnt sich also für einen guten Verkäufer sehr, sich Gedanken über die Motivationssituation seiner Kunden zu machen. Aus dieser Analyse ergeben sich wertvolle Kaufgründe und dadurch (oft individuell) passende Verkaufsargumente, die dem Kunden die Kaufentscheidung erleichtern.

Übung: Finden Sie die Kauf- und „Nicht-Kauf"-Gründe eines Kunden oder eventuell einer Kundengruppe. *(Unter „Beispiele" finden Sie die Situation eines Unternehmens, das sehr erfolgreich Drehteile für Produktionsmaschinen produziert und verkauft.)* Beantworten Sie dafür die folgenden vier Fragen:

Gründe nicht (nicht bei uns) zu kaufen

1. *Was hat der Kunde (bisher noch) davon, nicht bei mir zu kaufen?*

   Beispiel: ⇢ *Sehr gute Beziehung zum derzeitigen Lieferanten*
   ⇢ *Bewährte Qualität*
   ⇢ *Guter Preis beim anderen Lieferanten*
   ⇢ *Es bleibt alles beim Alten*
   ⇢ *Zeit für andere Projekte*

   ....

   ....

   ....

2. *Welchen Schmerz vermeidet er (bisher noch), indem er nicht (bei mir) kauft?*

   Beispiel: ⇢ *Angst vor eventuellen Problemen bei der Einführung*
   ⇢ *Zeitaufwand für Neueinführung*
   ⇢ *Unsicherheit über Qualität der neuen Teile*
   ⇢ *Einen guten Geschäftskollegen (bisheriger Lieferant) brüskieren*
   ⇢ *Mehr Geld für Anschaffung der Teile ausgeben*

   ....

   ....

   ....

Gründe bei mir/uns zu kaufen

1. *Welchen Lustgewinn hat der Kunde, wenn er bei mir/uns kauft?*

   Beispiel: ⇢ *Höhere Qualität*
   ⇢ *Längere Lebensdauer der Drehteile*
   ⇢ *Besseres Preis-/Leistungsverhältnis*
   ⇢ *Sehr netter, engagierter Verkäufer*
   ⇢ *Renommierter Lieferant*

   ....

   ....

   ....

2. *Welchen Schmerz vermeidet er, wenn er bei mir/uns kauft?*
   Beispiel: ⇢ *Kürzere Wartungsintervalle*
   ⇢ *Höhere Gesamtkosten*
   ⇢ *Höherer Wartungsaufwand*
   ....
   ....
   ....

Die Gründe für den Kauf müssen wirklich ins Gefühl gehen und für den Kunden schon jetzt erlebbar sein. Dadurch „versteht" sein Nervensystem, wie viel „Lustgewinn" er davon haben wird, den Kauf zu tätigen, und wie viel „Schmerz" es dadurch vermeiden wird. Somit wird der Kunde von innen heraus motiviert den Kauf abzuschließen.

Dafür müssen selbstverständlich die Gründe zu kaufen überwiegen. Falls dies im ersten Moment nicht der Fall ist, gibt es bei größeren Geschäften, wie Investitionsgütern und anspruchsvollen Dienstleistungen, meist eine weitere Chance. Der Verkäufer oder das Vertriebsteam analysiert die „Gründe nicht zu kaufen" und überlegt sich Lösungsmöglichkeiten für diese Probleme.

In unserem Beispiel könnte es durchaus der Fall sein, dass die guten Argumente für einen Wechsel zu uns als neuem Lieferanten nicht ausreichen. Deshalb müssen wir weitere Argumente und mehr Entgegenkommen gegenüber dem Kunden aufbringen. Als Lösungswege dienen uns die Gründe des Kunden, nicht bei uns zu kaufen.

Als Erstes konzentrieren wir uns auf die „Schmerzvermeidungsgründe". Wir müssen mit den Technikern im eigenen Unternehmen abklären, ob die Neueinführung der Teile sehr schnell und problemlos zu leisten ist. Wenn ja, müssen wir dies dem Kunden belegen und eventuell bei Konventionalstrafe garantieren. Damit kann man die ersten beiden Argumente abschwächen oder auflösen. Als Nächstes müssen wir die tatsächlich höhere Qualität unserer Drehteile dem Kunden noch besser beweisen. Schließlich können wir uns (ggf. zunächst) als Zweitlieferant anbieten, der die Liefersicherheit erhöht und die Gefahr von Maschinenstillstand minimiert. Damit müsste der Kunde seinen bisherigen Lieferanten weniger brüskieren. Mit diesen zusätzlichen Argumenten und Leistungen lassen sich auch schon einige der „Lustgewinne, nicht bei uns zu kaufen"-Punkte minimieren oder beseitigen. Und wenn man dann erneut die Liste der Gründe betrachtet, nicht bei uns zu kaufen, stehen die Chancen nun sehr gut, dass der Kunde den Versuch mit uns wagt.

Die gerade beschriebene Vorgehensweise wird erfahrungsgemäß sehr gern von Verkäufern genutzt.

3.1.2.3 Denkvorlieben der Kunden – Meta-Programme

Es kann die Überzeugungskraft sehr verbessern, die Meta-Programme einer Person zu erkennen und sich sprachlich darauf einzustellen. Präsentieren Sie Ihrem Kunden zunächst die große Übersicht oder erst die wichtigsten Details? Präsentieren Sie den langen und sorgfältigen Entwicklungsprozess Ihres Produktes oder die Entwicklungsmöglichkeiten in der Zukunft? Präsentieren Sie all die neuen Produktvorteile oder zeigen Sie, wie man mit Ihrem Produkt die Kosten senken kann? Das optimale Vorgehen wird klar, wenn Sie die Meta-Programme ihres Kunden erkennen und sie in Ihrer Sprache beim Präsentieren und Verhandeln verwenden.

Großes Bild, mittlere Größe oder Detail

Viele Menschen interessieren sich zuallererst für das große Bild. Sie wollen sich rasch einen Überblick verschaffen. Präsentiert man Ihnen jedoch viele Details am Anfang, so langweilen sie sich meist. Zufrieden sind sie mit einem großzügigen Übersichtsmodell zum Start. Auf der anderen Seite gibt es durchaus auch Menschen, die interessieren sich für Details und gehen in neuen Situationen in kleinen Schritten und ganz genau überlegt vor.

Dieses Meta-Programm kann man meist schnell erfassen: Spricht der Kunde eher allgemein und in großen Zügen *(„Ich möchte mir zuerst eine Übersicht verschaffen.“)*, geht er sehr ins Detail *(„Ich möchte das genau verstehen.“)* oder bewegt er sich im mittleren Bereich *(„Haben Sie ein paar Beispiele?“)* der Konkretisierung. Wenn Sie es mit nur einer Person zu tun haben, können Sie sich mit Ihrer Darstellungsweise auf die Vorliebe dieser Person einstellen. Wenn Sie mehrere Zuhörer oder Gesprächspartner mit unterschiedlicher Ausprägung haben, ist es vorteilhaft, wenn Sie in Ihrer Wortwahl schnell zwischen diesen verschiedenen Vorlieben wechseln.

Vergangenheit, Gegenwart, Zukunft

Verschiedene Menschen und Kunden sind unterschiedlich stark an der Vergangenheit, Gegenwart oder Zukunft interessiert. Wenn Sie im Gespräch genau hinhören, können Sie das dadurch feststellen, dass Ihr Kunde mehr über einen der drei Bereiche erzählt. Auch hier gilt dann, dass Sie Ihre Gesprächsinhalte entsprechend in die Vergangenheit, Gegenwart oder Zukunft verlegen.

Beispiel:

- *„Diese Dienstleistung bieten wir bereits seit 20 Jahren erfolgreich an.“*
- *„Diese Dienstleistung ist gerade heute besonders nützlich, weil so viele darauf angewiesen sind.“*
- *„Diese Dienstleistung ist unser Zukunft weisendes Angebot. Der wirkliche Nutzen wird in der Zukunft noch höher geschätzt werden.“*

Matcher oder Missmatcher

Dieses Meta-Programm kann einem ganz gut aus der Klemme helfen:

Stellen Sie sich vor, ein neuer Kunde sitzt vor Ihnen und Sie erzählen ihm etwas über Ihre Dienstleistung oder Ihr Produkt. Nach wenigen Sätzen unterbricht er Sie mit der etwas abwehrenden Frage: „Wie können Sie das denn behaupten?", oder er sagt: „Nein, bei uns ist das ganz anders." Wenn Sie keinen „Unsinn" erzählt haben und auch das Pacing stimmt, lohnt es sich, diesen Interessenten auf Missmatcher zu testen. Beginnen Sie bei nächster Gelegenheit folgendermaßen: „Ich habe hier etwas Interessantes. Aber vermutlich ist das nichts für Sie ...". Wenn Ihr Kunde nun sagt: „Doch, doch, erzählen Sie mal!" hat er den Test bestanden. Er ist ein Missmatcher.

Diese Denkvorliebe ist nicht gegen den anderen persönlich gerichtet, sondern sie charakterisiert eher einen Menschen, der gerne schnell weiterdenkt und die andere Seite einer Sache beleuchtet. Ideal ist das bei Wissenschaftlern. Für die Kommunikation ist diese Haltung jedoch manchmal störend. Die Matcher hingegen sind im Gespräch viel angenehmer, weil sie eher „Ja" sagen und die Gemeinsamkeiten mit ihrem Gegenüber und dessen Aussagen und Angeboten suchen. – Hier ist ein kleiner „Selbsttest":

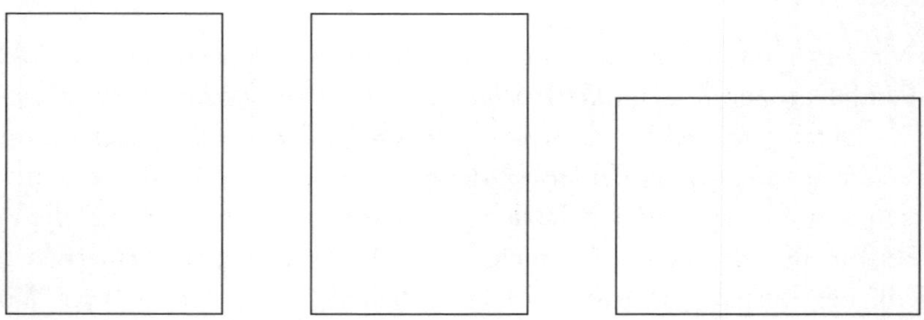

Was sehen Sie hier? Es gibt vier mögliche Antworten, die uns Aufschluss darüber geben, wie Sie mit Gleichheit und Unterschieden umgehen. Wenn Sie antworten: „Drei Rechtecke", dann verfolgen Sie mit großer Wahrscheinlichkeit das Meta-Programm „Gemeinsamkeiten erkennen". Antworten Sie mit: „Drei Rechtecke, zwei stehen aufrecht, aber eines ist zur Seite gedreht", dann haben Sie das Metaprogramm verwendet, das Gleichheit wahrnimmt, dann aber nach Gegenbeispielen sucht. Antworten Sie mit: „Ein schräges und zwei aufrechte Rechtecke", so haben Sie das Meta-Programm angewendet, das zuerst Unterschiede wahrnimmt und dann nach Gemeinsamkeiten sucht. Antworten Sie: „Drei Rechtecke, die sich an verschiedenen Positionen auf der Seite befinden", so haben Sie das Meta-Programm gebraucht, das sich auf Unterschiede fokussiert und keine Gleichheiten wahrnimmt.

Interne oder externe Referenz

Es gibt Menschen, die beurteilen eine Situation hauptsächlich danach, ob sie selbst diese gut finden (*„Das entspricht meiner Vorstellung." „Das sehe ich genauso."*). Andere wiederum beurteilen Situationen vor allem danach, wie andere Menschen darauf reagieren (*„Die Teilnehmer/Kunden/Anwender müssen zufrieden sein." „Es muss für alle Beteiligten stimmen."*). Jemand mit einer internen Referenz wird immer zuerst sich selbst fragen, was eine bestimmte Situation wohl bedeutet und was sinnvolles Handeln ist. Personen mit einer externen Referenz werden sich zuerst fragen, was wohl andere von dieser Situation halten, sie werden sich Ratschläge einholen und möchten, dass man sie in ihrer Entscheidung aktiv unterstützt und bestärkt.

3.1.2.4 Werte – für langfristige Kundenbeziehungen

Für alle Verkäufer oder Kundenbetreuer, die langfristige Beziehungen zu ihren Kunden anstreben, sind Werte, ganz besonders „Wert-voll". Ideal ist es, wenn man gleiche oder sehr ähnliche Werte wie der entsprechende Kunde hat. Weil Menschen mit identischen bzw. nahezu identischen Werten und von „tief" innen heraus sehr ähnlich sind und sich gut verstehen.

Man stellt dies in der Regel jedoch erst fest, wenn man einige Male miteinander gesprochen hat. Allerdings kann man auch in einem frühen Stadium der (Geschäfts-)Beziehung gezielt nach den Werten des Kunden fragen. Zum Beispiel etwa so: *„Wenn wir uns auf eine Zusammenarbeit einigen, würde ich gerne möglichst optimal mit Ihnen kooperieren. Deshalb wüsste ich gerne, worauf es Ihnen bei einer guten Zusammenarbeit ankommt?"*, oder kürzer: *„Wenn wir uns einig werden, worauf kommt es Ihnen bei einer optimalen Zusammenarbeit mit einem Lieferanten bzw. mir an?"*

Oft enthält die Antwort des Gefragten dann Begriffe wie *Vertrauen, Zuverlässigkeit, Sicherheit, Erfolg, Schnelligkeit, Innovation* oder Ähnliches. Vielleicht hören Sie auch Adjektive wie *zuverlässig, sicher* etc. Diese Begriffe sollte man sich für den Anfang notieren bzw. merken, um sie

- stets mit den eigenen Werten abgleichen zu können (siehe auch S. 62-64);
- beim Präsentieren und Beschreiben des Angebotes wie auch beim Argumentieren und Verhandeln zu benutzen (Beispiel: *„So können wir sicherstellen, dass Sie ein innovatives [oder zuverlässiges, erfolgreiches ...] Produkt erhalten."*);
- in späteren Gesprächen als seine Werte zu verifizieren oder mit stimmigeren Werten zu korrigieren.

Falls zunächst keine Begriffe, die Werte darstellen, von Ihrem Kunden geäußert werden, sondern eventuell nur Anmerkungen wie: *„Der Preis muss stimmen!"*, können Sie die Frage vertiefen mit: *„Wenn wir das Thema Preis geklärt haben, was ist Ihnen sonst noch wichtig?"*

Ein wichtiger Schlüssel zu einem erfolgreichen Umgang mit Ihrem Kunden liegt also darin, dass Sie Ihre Aussagen so formulieren, dass sie zu den Werten dieses Menschen passen. Am besten benutzt man dafür einfach die entsprechenden Begriffe. Das ist so einfach wie wirkungsvoll. Der Kunde muss bei der Nutzung des Produktes oder der Dienstleistung den Zustand seines Wertes auch erleben können.

Viele Menschen haben heute manchmal berechtigterweise Abwehrmechanismen, mit denen sie den Argumenten und Informationen von Verkäufern begegnen. Die Aufgabe eines guten Verkäufers ist es also, Verkaufsgespräche so zu führen, dass er diese Abwehrmechanismen nicht auslöst, sondern dass er seine Kunden ehrlich und auf eine ihnen entsprechende Art „wirklich" anspricht. Das geht mit den Werten besonders gut. Ohne die Kenntnis der Werte und Kriterien einer Person ist es so, als ob Sie Ihr Produkt oder Ihre Dienstleistung „blind" verkaufen, d.h. ohne wirklich zu erkennen, wen Sie vor sich haben, was für ein Mensch er ist und welche Werte für diesen Menschen wichtig sind.

Darüber hinaus können Sie mit Hilfe weiterer Fragen die Werte einer Person in Erfahrung bringen – Beispiele:

- *Was ist Ihnen wichtig?*
- *Worauf kommt es Ihnen an?*
- *Was ist wesentlich für Sie?*
- *Was ist Ihnen wichtig an ... (hier fügen Sie den Kontext ein)?*
- *Was ist Ihnen wichtig an einer Investition? Worauf achten Sie, wenn Sie eine Investition tätigen wollen?*
- *Was ist Ihnen wichtig in unserer Zusammenarbeit?*
- *Was ist Ihnen wichtig an einer Geschäftsfreundschaft?*
- *Was ist Ihnen wichtig in Ihrer beruflichen Funktion?*
- *Usw.*

Die Antworten auf diese Fragen lassen die Werte eines Menschen erkennen. Auf Grund dieser Werte entscheidet er, was für ihn gut oder schlecht ist, was er kauft und was nicht. Deshalb ist es für Sie äußerst wichtig, die Werte Ihrer Kunden zu kennen.

3.2 Beim Kunden – Sprache zum Überzeugen nutzen

3.2.1 VAKO & Co.

Eine möglichst gute und aufmerksame Wahrnehmung mit allen fünf Sinnen und ein entspanntes Pacing sind ein echtes Plus für einen exzellenten Verkäufer. Weil er mit dieser Vorgehensweise viel näher am Erleben des Kunden ist. Dadurch versteht er ihn gelegentlich so gut, dass es an Gedankenlesen grenzt. Auf diese Weise hat der exzellente Verkäufer selbstverständlich deutlich höhere Chancen, die Wünsche, Motive und den Bedarf seines Kunden zu erfassen und zu erfüllen als ein durchschnittlich aufmerksamer und flexibler Kollege. Natürlich gilt dies immer unter der Voraussetzung, dass auch das Produkt oder die Dienstleistung dementsprechend passend für den Kunden ist.

3.2.1.1 ZZG – na klar!

Darüber hinaus gehört es meiner Ansicht nach zum Pflichtprogramm eines Verkäufers, dass er die drei Elemente des ZZG-Modells (siehe Seite 28ff) beachtet:

Zustand: Der Verkäufer ist in einem sehr guten persönlichen Zustand, wenn er den Kunden trifft oder mit ihm telefoniert. Er achtet dabei auf den Zustand seines Kunden und verbessert ihn bei Bedarf mit seiner eigenen positiven Wirkung sowie mittels Fragen und Kommentaren.

Zielklarheit: Der Verkäufer hat sich selbst klare und erreichbare Ziele für das Treffen oder Telefonat gesetzt. Außerdem hat er sich so gut wie möglich über die (eventuell vermuteten) Ziele des Kunden informiert.

Guter Kontakt: Der Verkäufer richtet im Gespräch die Aufmerksamkeit auf die Gemeinsamkeiten zwischen ihm und dem Kunden und zwischen beiden Unternehmen. Zudem ist es gut, das Gespräch so schnell wie möglich in die Richtung einer gemeinsamen Problemlösung oder Aufgabe zu lenken. Natürlich paced der Verkäufer dabei seinen Kunden sprachlich und körpersprachlich.

Sofern die Inhalte und das Angebot für den Kunden stimmen, ist unser exzellenter Verkäufer ausschließlich mit den Anmerkungen aus diesem Abschnitt schon „glückliche Spitze“. – Zur „Sicherheit“ geht es nun gleichwohl besonders um den Gebrauch der Sprache in Verkaufssituationen.

3.2.2 Die „Power-Worte"

Dieser Abschnitt ist in vielen Verkaufssituationen wichtig. Wenn Sie allein diese einfachen Techniken lernen, genügt das schon, um Ihre Gesprächs-, Präsentations- und Überzeugungsfähigkeiten auf eine neue Ebene zu heben. – Der Hauptteil dieses Abschnittes befasst sich mit der Kraft, die in linguistisch gekonnter Wortwahl und in Sprachmustern steckt: Sprachelemente, die den Zuhörer dazu veranlassen, Angebote, Ideen und Produkte als angenehm, positiv, wahr, erweiternd etc. zu erleben, ohne dass dies direkt gesagt wird. Welches sind diese Wortgruppen und Sprachmuster?

1. **Gruppe: Adverbien und Adjektive** – natürlich, einfach, unbegrenzt
2. **Gruppe: Erleben** – bewusst werden, erkennen, erleben
3. **Gruppe: Zeit und Anzahl** – bevor, während
4. **Gruppe: Raum** – inmitten, ausbreiten, jenseits
5. **Gruppe: Ursache und Wirkung** – und, wie, bewirkt, weil
6. **Gruppe: Befehle** – jetzt, Stopp

Wie wendet man diese Worte dieser Gruppen an?

3.2.2.1 Gruppe 1: Adverbien und Adjektive

Sympathische und positive Adverbien und Adjektive lösen die ihnen entsprechenden Assoziationen bei einem Zuhörer/Kunden aus. Dadurch wirken auch die konkreten Inhalte angenehm und erfreulich. Deshalb ist es besonders für Verkäufer wichtig, wann immer es passt, Begriffe der folgenden Wortgruppe zu benutzen. Diese Gruppe besteht zum Beispiel aus den Worten: *natürlich, einfach, unbegrenzt.*

Alles, was diesen Worten folgt, wird bereits als wahr vorausgesetzt. Das heisst, um den Sinn des Satzes überhaupt zu verstehen, muss man alles, was diesen Worten folgt, zunächst als wahr annehmen. Das bedeutet natürlich auch, dass Sie die Begriffe nur verwenden können, wenn der Inhalt, der damit verbunden ist, wahr oder wahrscheinlich ist.

Beispiele:

1. *„Eventuell haben Sie schon bemerkt, wie einfach Sie sich entscheiden können, Ihrem Bekannten unsere Firma zu empfehlen?"*
2. *„Haben Sie sich schon gefragt, ob das grenzenlose Potential dieser Information der Grund für Ihre Begeisterung ist?"*
3. *„Natürlich haben Sie schon erkannt, wie gut Sie Ihre Ausdrucksweise bereichern können, nicht wahr?"*
4. *„Viele Leute beginnen ganz natürlich sich vorzustellen, das Produkt schon zu besitzen, bevor Sie es dann tatsächlich kaufen."*

5. *„Natürlich werden Sie mehr als genug Gründe finden, gleich heute zu üben, wenn Sie auch nur ein bisschen von dem Folgenden nutzen können."*

Denken Sie daran: Benutzen Sie diese Power-Worte besonders vor dem, was Sie nachfolgend sagen, weil Sie so lebhafte Bilder im Geiste Ihrer Zuhörer produzieren.

Weitere Worte dieser Gruppe

Die drei Worte, mit denen wir bis jetzt in der Kategorie Adverbien und Adjektive gearbeitet haben, sind nur einige Vertreter einer viel größeren Gruppe von Worten, die die gleiche Wirkung haben, wenn sie richtig eingesetzt werden. Die drei Worte sind die wichtigsten, die man oft einsetzen kann. Hier nun eine umfangreichere Liste von Worten, die Sie ebenfalls verwenden können: *einige, alle, viele, beginnen, einfach, natürlich, bereitwillig, unendlich, unbegrenzt, fortfahren, noch, schon, wiederholt, sofort, etliche, meistens, wirklich, wahrhaftig, schlussendlich, normalerweise, genau, schnell, zuverlässig.*

Weitere Beispiele:

1. *„Sie werden sich sicher bereits bewusst sein über einige der vielen einfachen und gleichzeitig kraftvollen Möglichkeiten, wie man diese Informationen nutzen kann."*
2. *„Natürlich bin ich für Sie die normalerweise am schnellsten zur Verfügung stehende, kompetente Person."*
3. *„Endlich ist das sicherste und für Sie exakteste Kontrollsystem erhältlich – und natürlich auch erschwinglich."*

3.2.2.2 Gruppe 2: Erleben – die Bewusstseinskategorie

Realisieren, bewusst sein, erfahren

Diese Worte sind besonders wertvoll, weil sie Ihren Zuhörer sofort veranlassen, den mentalen Prozess, den sie anregen, gewähren zu lassen. Außerdem ist alles, was folgt, so wie bereits in der vorangehenden Kategorie, eine Vorausannahme, die als gegeben erlebt wird. Je mehr Routine und Gewandtheit Sie mit diesem Sprachmuster gewinnen, desto sicherer und erfolgreicher werden Sie damit umgehen können. Hier nun einige Beispiele für dieses Muster:

1. *„Vermutlich beginnt das Bewusstsein, wie faszinierend diese Sprachmuster sind, ihren Geist zu beflügeln."*
2. *„Je mehr Sie in Ihren Gedanken Wege schaffen, wie Sie diese Sprachmuster nutzen werden, wenn Sie diesen Text gelesen haben, desto mehr realisieren Sie sicher schon die erfreulichen Möglichkeiten, die Sie damit jetzt besitzen."*
3. *„Während ich jetzt mit Ihnen rede, erleben Sie sicherlich bereits das befriedigende Gefühl, dies alles zu verstehen."*

Selbstverständlich können Sie diese Worte auch mit der Adverb-/Adjektivgruppe kombinieren, um eine noch größere Wirkung zu erzielen. Kein Sprachmuster steht für sich allein. Aussagekraft entsteht durch die Kombination von vielen Sprachmustern.

Beispiel:
„Sicher beginnen Sie ganz selbstverständlich, sich der grenzenlosen Wege einfach bewusst zu werden, die Sie mit dieser Methode schon jetzt beschreiten können. So können Sie Ihre Ziele wirklich viel schneller und effektiver erreichen. Vielleicht malen Sie sich schon aus, welchen Erfolg Sie tatsächlich mit dieser Hilfe und Anleitung verwirklichen werden. Sie erleben also ganz natürlich bereits die Möglichkeiten."

Weitere Worte dieser Gruppe sind: wissen, verstehen, denken, fühlen, wundern, fragen, spekulieren, wahrnehmen, entdecken, erleben, erreichen, erfüllen, erfassen, wieder erwägen, abwägen, in Betracht ziehen, annehmen, erahnen.

3.2.2.3 Gruppe 3: Zeit und Anzahl

Bevor, während, nachdem

Der einfachste Weg, diese Kategorie zu definieren, ist anhand von Beispielen:

1. *„Nachdem Sie mit mir gearbeitet haben, werden Sie das alles gut verstehen."*
2. *„Bevor Sie verstehen, wie einfach diese Entscheidung zu treffen ist, lassen Sie mich einige Dinge berichten, die Ihnen dabei helfen können."*
3. *„Während unseres heutigen gemeinsamen Treffens können Sie die Vorteile unseres Produktes entdecken und diese sofort in Ihrer Situation anwenden."*

Natürlich können Sie auch hier mit der Kombination der Begriffe noch mehr erreichen. Beispiel:

„Während unserer Diskussion heute werden Sie natürlich begeistert darüber sein, was die Zukunft für Sie bringen wird, wenn Sie erfassen, wie einfach anwendbar diese Information für Sie ist."

Weitere Worte dieser Gruppe sind: *vor, vorherige, war, jetziger, im Laufe von, wenn, fortfahren, früh, später, bis, als Erstes, schlussendlich, als Zweites, höchstes, andere, außerdem, hauptsächlich, ein anderer, frühestens, letzte, mehr, zusätzlich, weiterhin.*

3.2.2.4 Gruppe 4: Raum

Unter, ausbreiten, darüber hinaus

Räumliche Begriffe kreieren immer eine Art von Beziehung zwischen Dingen, Gedanken, Ideen, Produkten, Leistungen usw. Diese Worte erwecken kraftvolle Bilder im Kopf des Zuhörers. Beispiele:

1. *„Unter all den positiven Gedanken über die Zusammenarbeit mit uns, die Sie ja bereits angesprochen haben, wird sich der offensichtlichste und doch oft übersehene Grund zeigen, der uns zusammenbringt."*
2. *„Um Ihre immer sprühenden Ideen und die guten Gefühle bei der Arbeit mit diesem Material noch zu erweitern, denken Sie mal mit an das Geld, das Sie damit verdienen können."*
3. *„Das ist eine großartige Beobachtung, und wenn Sie die Auswirkungen dessen, was Sie gerade sagten, voll und ganz betrachten, geht das sicher noch weit über Ihre bisherigen Erwartungen hinaus. Können Sie sich schon vorstellen, wie viel weiter das geht?"*

Weitere Worte dieser Gruppe sind: *gegen, in dieser Richtung, separat von, auf der Seite von, hinter, unterhalb, zwischen, jenseits, zusammen mit, nach unten, von oben, in, inbegriffen, von hinten, von unten, anstatt, ohne, aus, außerhalb, rund um, nicht weniger als, durch, darauf zu, unter, aufdecken, zu Grunde liegende, berührend, näher, weiter, erweitert, vergrößert, vorausschreiten, entziehen, unterzogen, trennen.*

3.2.2.5 Gruppe 5: Ursache und Wirkung

Und, während, bewirkt, weil

Diese Gruppe ist sehr kraftvoll. Erstens weil es die Art ist, wie Menschen ihre Glaubenssätze bestätigen, und zweitens, weil solche Sätze ein grundsätzlicher Ausdruck von Pacing und Leading sind. – Die Grundstruktur von Ursache und Wirkung ist sehr einfach. X passiert (pacing) und dann passiert automatisch Y (leading). Nutzen Sie diese Regel, um dieses Sprachmuster optimal einzusetzen.

Beispiele:

1. *„Dass Sie dies aufmerksam lesen, bewirkt, dass Sie es wirklich aufnehmen. Und dass Sie es aufnehmen, bewirkt, dass Sie es sofort anwenden können."*
2. *„Während Sie das nächste Beispiel betrachten, bemerken Sie schon, wie wichtig dieses Material im richtigen Moment für Sie sein wird."*
3. *„Die einfache Tatsache, dass Sie diesen Einwand konkret aussprechen, bewirkt vermutlich schon, dass Sie erkennen, dass er in Ihrer Situation gar nicht zutrifft."*

Weitere Worte dieser Gruppe sind: *beweist, belegt, ruft hervor, generiert, erlaubt, erzwingt, macht, setzt fest, kreiert, bewahrheitet, berechtigt, bestimmt, baut auf.*

3.2.2.6 Gruppe 6: Befehle

Stopp, jetzt

Die letzte Kategorie von Worten sind Befehlsworte, die Sie in Ihre Sätze einbauen können, um den Gedankenfluss zu unterbrechen und in eine bestimmte Richtung lenken zu können. Einige Beispiele machen dies deutlicher:

1. *„Das ist eine großartige Idee und ich glaube, Sie fangen an ein Verständnis dafür zu bekommen, wie gut Sie sich mit Ihren neuen Fähigkeiten in Gesprächen zum Erfolg verhelfen können. Und nun STOPP, probieren Sie es doch gleich für ein wichtiges, nächstes Gespräch aus."*
2. *„Während Sie beginnen, die ganze Freude und den Erfolg zu erleben, die Ihnen diese Power-Worte geben, werden Sie Ihre ständig wachsende Begeisterung JETZT darauf ausrichten, dieses Material zu meistern."*

Viel Spass dabei!

Und zu guter Letzt ... **Zitate**

Sie wirken so gut, weil Sie wirklich „alles" sagen können, da Sie ja immer nur jemand anderen wiedergeben. Ein Beispiel demonstriert dies:

„Ich sprach kürzlich mit einer Kundin, die sagte: »Die Qualität Ihrer Seminare ist so hoch, und die Preise dafür so angemessen, dass Sie von Teilnehmern überschwemmt sein müssen.«"

3.2.3 Der Interesse-Wecker

... ist ein sehr elegantes und wirkungsvolles sprachliches Modell, um einen Interessenten oder Kunden dazu zu bringen, dass er zuhören möchte. Der Interesse-Wecker kann schriftlich in einem Brief, einer eMail, in einer Präsentation, auf der Home Page usw. verwendet werden. Mündlich kann er am Telefon oder persönlich, zu Beginn eines Gespräches oder im weiteren Verlauf genutzt werden. Auf alle Fälle garantiert er die Aufmerksamkeit des Zuhörers, wenn die enthaltene Information etwas mit Letzterem oder seinem Arbeitsbereich zu tun hat.

Hier sind die fünf Schritte des Interesse-Weckers:

1. Große, eindrucksvolle (wahre) Aussage

Es muss eine eindrucksvolle Sache sein, die für den Kunden von Wert ist. Man kann die Behauptung auch in der Form einer Frage formulieren. Stellen Sie sicher, dass Sie Ihre Aussage auch mit Fakten belegen können. – Es gibt vier sprachliche Kriterien, die eine Aussage wichtig oder eindrucksvoll erscheinen lassen. Dabei gehen die Ohren des grundsätzlich interessierten Zuhörers auf. Diese Punkte sind:

a) ein Alleinstellungsmerkmal: *„Wir sind die Einzigen, die Ihnen »A« bieten können.“*, *„Wir sind die Ersten, die diese Lösung anbieten können.“*, *„Wir haben als einziger Anbieter einen 24-Stunden-365-Tage-Service.“*
b) eine interessante Zahl: *„Mit diesem Teil läuft Ihre Maschine im Schnitt 12 Monate länger.“*, *„Mit diesem Konzept erreichen Sie 20 bis 30 Prozent mehr Umsatz.“*
c) ein wahrer Superlativ: *„Der größte Teil unseres Forschungsbudgets fließt in diese Produktreihe.“*, *„Wir sind der Anbieter mit der längsten Erfahrung in diesem Bereich.“*, *„Bei uns haben Sie das größte Servicenetz.“*, *„Wir sind der nächste Partner in Ihrer Umgebung.“*
d) eine Garantie, die einhaltbar ist: *„Wenn Sie dieses Projekt mit uns durchführen, garantieren wir Ihnen, dass Sie Ihr Ziel erreichen.“*

2. Produktmerkmal – „weil“

Nun begründen Sie die große/eindrucksvolle Aussage mit einem Produkt-/Service-/Unternehmensmerkmal:

a) „Weil wir uns seit Jahren in diesem Bereich spezialisiert haben.“
b) „Weil wir das neue Material XY verwenden.“
c) „Weil unsere Forschungsabteilung in dieser Richtung die besten Ergebnisse erarbeitet hat.“
d) „Weil wir die Anforderungen Ihrer Partner genau kennen.“

3. Nutzen I

Nun nennen Sie einen Nutzen Ihres vorherigen Angebots, der für den Kunden möglichst wichtig sein sollte: *„Das bedeutet für Sie:*

a) dass Sie Ihren Kunden ein überzeugendes, einzigartiges Angebot machen können.“
b) dass Sie bei der Produktion XY weniger Kosten und Z weniger Servicezeiten haben.“
c) dass Sie technologisch zu den sichersten und ersten Adressen gehören.“
d) dass Sie schon jetzt wissen, dass Sie Ihre Geschäftspartner überzeugen werden.“

4. Nutzen II

Um Ihren Kunden noch besser mit seinen eigenen Bedürfnissen und mit seinem Nutzen anzusprechen, folgt nun noch ein zweites Nutzenargument. Wenn Sie den Kunden gut kennen, können Sie hier auch seine Gefühle und wichtigsten Wünsche ansprechen. Sie können den Satz folgendermaßen anschließen: *„Und der eigentliche Vorteil für Sie ist:*

a) dass Sie Ihre gute Marktposition weiter ausbauen können."
b) dass Sie insgesamt XYZ Kosten sparen, die Sie für die weitere Produktion einsetzen können oder mit denen Sie Ihren Preis konkurrenzfähiger gestalten können."
c) dass Sie Ihren technologischen Vorsprung vor Ihrem Wettbewerb halten und so auch weiterhin mehr Umsatz und Gewinn machen."
d) dass Sie sicher sein können, dass Sie in ein paar Monaten bereits im Markt sind."

5. Fakten, die Ihre Behauptung belegen

Damit Ihre Aussage besonders überzeugend wirkt, sollten Sie sie zum Schluss noch mit Fakten untermauern. Die Formulierung kann wie folgt lauten: *„Und der Grund, weshalb ich Ihnen das so sagen kann, ist:*

a) dass wir unser Angebot A genauestens mit dem der Wettbewerber verglichen haben."
b) dass wir in Betrieben mit anderen Produktionen die eben genannten Einsparungen regelmäßig erreichen konnten."
c) dass es seit Jahren zu unserer Firmenpolitik gehört, sicheren, technologischen Fortschritt zu erreichen."
d) dass wir uns ständig bei den potentiellen Geldgebern informieren, zu welchen Bedingungen sie ihre Gelder bewilligen."

Ein Gesamtbeispiel:

1. *„Wenn Sie Ihre Mitarbeiter zu unseren Seminaren schicken, werden Ihre Verkaufszahlen um 30 bis 300 Prozent steigen."*
2. *„Weil wir in unseren Seminaren neue, bestens ausgefeilte Verkaufstechniken trainieren. Dazu haben wir die Strategien von Spitzenverkäufern mit einem überdurchschnittlichen Verdienst modelliert und umgesetzt."*
3. *„Was das für Sie bedeutet ist, dass Ihre Verkäufer Werkzeuge zur Verfügung haben, die wirklich und schnell funktionieren."*
4. *„Und der eigentliche Vorteil für Sie ist, dass unter dem Strich viel mehr übrig bleibt."*
5. *„Das kann ich Ihnen so sagen, da wir das schon für einige Firmen in Ihrer Größe realisiert haben."*

Die fünf Schritte des Interesse-Weckers sind ein einfacher Weg, eine kurze Aussage zu machen, die das Interesse des Kunden weckt, um dann mit ihm ins Gespräch zu kommen oder zu zeigen, wie Ihr Produkt den Nutzen schaffen kann, den der Kunde möchte. Sie können dieses Interesse auch einsetzen, um die Erlaubnis zu erhalten, die „lebenswichtigen" Fragen zu stellen, die Sie im nächsten Abschnitt finden. – Weil der Kunde interessiert ist, beantwortet er die Fragen, die es Ihnen dann erlauben, ihn optimal zu betreuen. Auf diese Weise können Sie dem Kunden das Richtige auf die für ihn passende Art verkaufen.

Solche konzentrierten Interesse-Wecker sollten unbedingt vorbereitet werden. Am Ende klingen sie zwar einfach und überzeugend. Aber oft benötigen sie einige Überlegung und Recherche im Unternehmen, um gute Argumente und Nutzen herauszuarbeiten. Danach sind sie meist langfristig nützliche Argumente.

3.3 Fragetechnik: Wer fragt führt ... immer!

Wer einmal die Morgenfragen bewusst erlebt hat, weiß aus eigenem, innerem Erleben, dass Fragen den Zuhörer „zwingen", einen bestimmten, mit der Frage vorgegebenen Gedankengang im eigenen Gehirn nachzuvollziehen. Wer eine Frage gestellt bekommt, kann sich nicht dagegen verschließen, den Inhalt der Frage zu durchdenken, nur um die Frage zu verstehen.

3.3.1 Offene und geschlossene Fragen

... gehören für jeden Verkäufer zur Grundausrüstung. Bevorzugt werden die offenen „W-Fragen", da der Kunde nicht mit „Ja" oder „Nein" antworten kann, sondern eine Beschreibung abgeben muss. Offene Fragen:

- *„Wie gefällt Ihnen unser Angebot?"*
- *„Was gefällt Ihnen an unserem Angebot besonders?"*
- *„Worauf kommt es Ihnen bei der Lieferung am meisten an?"*
- *„Welche Punkte müssen wir sicherstellen, damit wir Ihr bevorzugter Geschäftspartner werden?"*
- *„Welche Farben kommen für Sie in Frage?"*

Offene Fragen regen den Kunden an, in Richtung unseres Ziels, dem Verkauf und der Zusammenarbeit zu denken. Wenn man offene Fragen gezielt einsetzt, erreicht man den Verkauf durch und mit dem aktiven Engagement des Kunden.

Geschlossene Fragen sind:
- *„Gefällt Ihnen unser Angebot?"*
- *„Gibt es etwas, das Ihnen gefällt?"*
- *„Können wir Ihnen das liefern?"*
- *„Werden wir Ihr Geschäftspartner?"*
- *„Gefällt Ihnen dieses Blau?"*

Diese Fragen engen das Gespräch und das Denken des Kunden ein. Und wenn er einmal „Nein" gesagt hat, hat der Verkäufer viel Aufwand, wenn er die „geschlossene Tür" wieder öffnen möchte. Gelegentlich sind geschlossene, entscheidende Fragen trotzdem gut. Wenn eine Situation unübersichtlich oder „wischi-waschi" ist, kann eine geschlossene Frage sinnvoll sein: *„Sind Sie nach wie vor an einer konkreten Zusam-*

menarbeit mit uns interessiert?" Oder wenn Sie vor einem eigentlichen Verkaufsgespräch kurz klären möchten, ob eine Zusammenarbeit zurzeit überhaupt sinnvoll ist: *„Haben Sie ein Projekt XY geplant?"* Oder: *„Haben Sie mehr als fünf Verkäufer?"*

Geschlossene Fragen „umbauen"

Auch bei plötzlich auftretenden Problemen scheinen geschlossene Fragen manchmal unausweichlich:

- *„Haben Sie die Bedienungsanleitung gelesen?"*
- *„Haben Sie Schalter XY betätigt?"*
- *„Haben Sie einen Techniker vor Ort?"*

Oft lohnt es sich gleichwohl, diese Fragen zu freundlicheren, weicheren offenen Fragen „umzubauen". Das geht am besten mit „inwieweit", „inwiefern", „wie genau" etc.:

- *„Inwieweit haben Sie sich mit der Bedienungsanleitung vertraut gemacht?"*
- *„Wie genau haben Sie den Schalter XY nach Schema Z betätigt?"*
- *„Inwieweit sind Sie selbst in der Lage, technische Fragen zu lösen?"*

3.3.2 „Lebenswichtige" Fragen an den Kunden

Verkaufen ist eine sehr schöne und befriedigende Tätigkeit, solange man davon überzeugt ist, dass man damit dem Kunden hilft, seine wirklichen Bedürfnisse und Wünsche zu finden und zu erfüllen. Wichtig ist, sich selbst als (gerne) Gebender in dieser Beziehung zu erleben. Diese Einstellung verhilft Ihnen zu mehr Selbstvertrauen, mehr Freude – Ihre Kunden werden Sie mögen und Sie werden dementsprechend viel verdienen.

Der Grund, weshalb manche Vertriebsleute das Verkaufen als eine anstrengende Aufgabe erleben, ist, dass sie etwas verkaufen möchten, ohne zu wissen, was für einen Menschen sie vor sich haben, ohne zu wissen, wie dieser Kunde Entscheidungen trifft und welches seine eigentlichen Wünsche und Bedürfnisse sind. – Die Antworten auf die folgenden Fragen sollten Sie deshalb so früh wie möglich in Ihrem Verkaufsgespräch oder möglichst sogar vor dem persönlichen Termin einholen:

1. *Was braucht dieser Kunde eigentlich?*
2. *Was wünscht sich dieser Kunde?*
3. *Welches könnten seine „Schmerzvermeidungspunkte" sein?*
4. *Hat er die Autorität, eine Kaufentscheidung zu treffen?*
5. *Verfügt er über die notwendigen finanziellen Mittel?*
6. *Wieso könnte er mein Produkt wollen?*
7. *Was sind seine emotionalen und logischen Gründe, den Kauf zu tätigen?*
8. *Was sind seine Unsicherheiten oder Ängste?*

Sie werden Ihrem Kunden mit Selbstvertrauen begegnen, wenn Sie die Antworten auf diese Fragen erhalten haben. Sie können die dafür benötigten Informationen aus den folgenden Quellen erhalten:

- *vom Kunden selbst oder aus seiner Umgebung;*
- *aus Ihren Informationen, die Sie über diesen Kunden schon besitzen;*
- *aus Gesprächen mit Dritten, die diesen Kunden kennen;*
- *aus dem Internet/Homepage*

Vielleicht möchten Sie sich an die Fragen oben erinnern, während Sie sich mit dem Kunden treffen. Dann machen Sie sich einfach eine Frage-Checkliste, die Sie jederzeit bei sich haben.

3.3.3 Das Präzisionsmodell

Das Präzisionsmodell hilft Ihnen in Gesprächen mit Ihrem Kunden, genaue Fragen zu stellen, die die Kommunikation klarer und konkreter machen. Folgende fünf Fragearten sind ein weiteres NLP-Kleinod für Verkäufer:

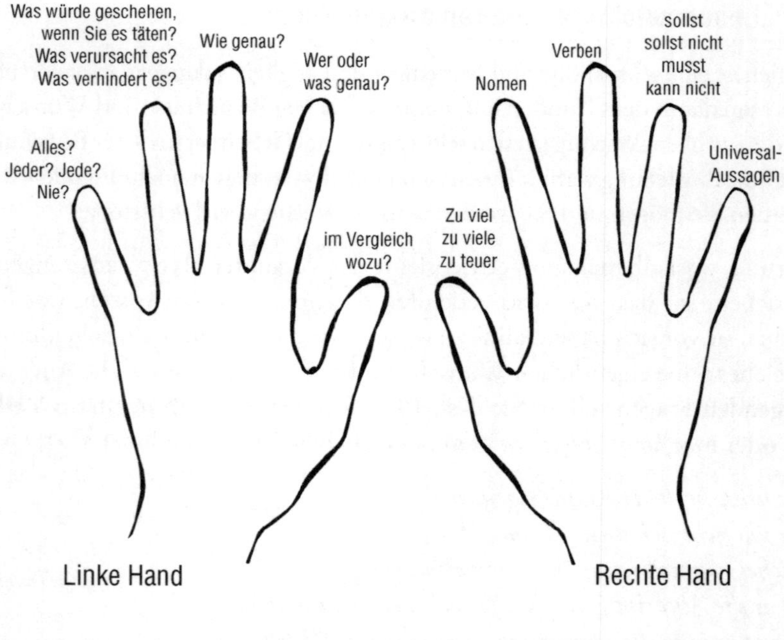

Die obige kurze, visuelle Darstellung der Fragen und Themen/Probleme des Präzisionsmodells kann Ihnen gut als „Eselsbrücke" dienen. An der rechten Hand finden Sie jeweils das Problem oder die Aussage, die Sie mit der entsprechenden Frage der linken Hand aufklären können.

Beginnen wir mit dem kleinen Finger der rechten Hand, der die größten, die **Universalaussagen** anzeigt. Sagt ein Kunde: *„Alle Ihre Mitarbeiter sind unfreundlich!"*, können Sie diese Situation schnell entschärfen, indem Sie fragen: *„Meinen Sie wirklich »alle« oder nur bestimmte?"* Da Universalaussagen fast immer falsch sind, ist es sehr wahrscheinlich, dass Ihr Kunde dann antwortet: *„Naja, alle ist vielleicht etwas übertrieben, aber Ihre Assistentin hat mich neulich nicht einmal begrüßt."* Nach dieser Ergänzung lässt sich die Angelegenheit deutlich einfacher aufklären und der Kunde ist sicher bald wieder zufriedenzustellen.

Der Ringfinger ist der **„Du-darfst-nicht-Finger" (Tilgungen)**. Mit dieser zusätzlichen, augenzwinkernden Eselsbrücke können Sie sich diese Frageart sicher besonders gut merken. Immer wieder Mal baut ein Gesprächspartner diese Art „Wand" gegenüber einem Vorschlag oder einer Idee auf, die man ihm näherbringen möchte. Zum Beispiel sagt ein Kunde: *„Diese Software kann man bei uns nicht einführen."* Fragt man nun „Warum nicht?", hört man eine Reihe von Gründen, die mehr oder weniger einfach oder schwer zu widerlegen sind. Stattdessen fragt der Verkäufer am besten: *„Was würde geschehen, wenn man diese Software einführte."* Und eventuell weiter: *„Welchen Nutzen könnte sie dann bringen?"* Nun muss der Kunde zumindest, um die Frage zu verarbeiten, darüber nachdenken, wie es wäre, wenn die Software in seinem Unternehmen genutzt würde. Vorausgesetzt, dass das Produkt einen guten Nutzen bietet (andernfalls sollte man es erst gar nicht anbieten), kommt der Kunde nun selbst auf die Idee, dass er das Angebot prüfen sollte.

Der Mittelfinger und der Zeigefinger betreffen **Mega Fluff-Verben und -Nomen**. Beide Begriffsarten werden mit ähnlichen Fragen bearbeitet. Beispielsweise hört ein Verkäufer einen Kunden sagen: *„Wir sind bereits in der Realisierungsphase (Nomen) des Projektes."* Oder: *„Wir realisieren (Verb) das Projekt bereits."* Um in dieser Situation abschätzen zu können, ob sein Produkt noch in das Projekt einbezogen werden kann, fragt er also zum Beispiel: *„Wer tut denn im Moment was im Zusammenhang mit dem Projekt?"* Oder: *„Was genau tun Sie denn im Moment innerhalb des Projektes?"*

Der Daumen ist ein starker Finger mit einer ebensolchen Frageart. Sagt jemand: *„Das ist zu teuer, zu groß, zu klein"* oder etwas Ähnliches, macht er einen **Vergleich, ohne das Vergleichsobjekt** zu nennen. Deshalb halten Sie sich bitte zurück, das oft nahe liegende *„Warum"* einzusetzen. Besser und schneller fahren Sie in der Regel, wenn Sie – freundlich und im Rapport mit dem Kunden – fragen: *„Zu teuer, im Vergleich wozu?", „Zu groß, im Vergleich wozu?" etc. Nun antwortet der Kunde: „Zu teuer im Vergleich zu dem Angebot Ihres Mitbewerbers." Oder: „... im Vergleich zur letzten Anschaffung dieser Art.", „Zu groß im Vergleich zum bisherigen Standplatz für diese Maschine."* Mit diesen Informationen können Sie dem Einwand nun viel gezielter begegnen.

3.3.4 Der natürliche Weg zum Kauf ... Testabschlüsse

Ob ein Verkauf tatsächlich zustande kommt oder nicht, hängt in den meisten Fällen nicht davon ab, ob der Verkäufer am Ende des Verkaufsprozesses die richtigen Abschlusstechniken verwendet. Stattdessen ist es eher die Frage, ob das Produkt oder die Dienstleistung in der derzeitigen Situation für den Kunden das Richtige ist, die darüber entscheidet, ob er kauft. Deshalb ist es sinnvoll, dass der Verkäufer möglichst früh und wann immer nötig im gesamten Verkaufsprozess herausfindet, ob alles für den Verkauf spricht.

Am besten kann man das natürlich mit Fragen bzw. mit Test-Abschlüssen erreichen. Ein Test-Abschluss ist also keine Abschlussfrage, sondern lediglich eine Frage nach der momentanen Situation und Haltung des Kunden dem Kauf gegenüber. Gleichwohl stellen ein paar über den Verkaufsprozess passend verteilte Test-Abschluss-Fragen sicher, dass am Schluss das gewünschte Ergebnis, der Verkauf zustande kommt.

Stellt man durch die Test-Abschluss-Fragen fest, dass der Kunde jetzt nicht oder überhaupt nicht am Kauf interessiert ist – oder nicht dazu in der Lage ist –, kann man das Gespräch abkürzen oder auf einen späteren Zeitpunkt verlegen. Es gibt drei Typen von Test-Abschlüssen.

1. Test-Abschluss bei der Gesprächseröffnung – Beispiele

- *„Wie wichtig ist diese/s Dienstleistung/Produkt für Sie/Ihr Unternehmen?"*
- *„Seit wann beschäftigen Sie sich mit dem Kauf von ...?"*
- *„Wie stark sind Sie am Kauf eines ... interessiert?"*
- *„Wie interessant ist für Sie der Kauf von ...?"*
- *„Wurde bereits ein Budget festgelegt?"*

2. Test-Abschluss im Verlauf des Verkaufsprozesses – Beispiele

- *„Bis wann soll das Projekt starten/abgeschlossen sein?"*
- *„Wie sind unsere Chancen bei Ihnen im Vergleich zum Wettbewerb?"*
- *„Welche Inhalte/Eigenschaften muss das Produkt/die Dienstleistung haben, damit es für Sie optimal ist?"*
- *„Welchen Preisrahmen haben Sie sich vorgestellt?"*
- *„Wen müssen wir sonst noch ‚ins Boot holen'?"*
- *„Welche Unterstützung kann ich Ihnen dabei bieten?"*
- *„Bis wann möchten/können Sie sich entscheiden?"*

3. Progressiver Test-Abschluss – Beispiele

- *„Wenn wir uns in diesen Punkten einig werden, sind wir dann Ihr Partner?"*
- *„Bis wann benötigen Sie die erste Lieferung?"*
- *„Welchen Nutzen hat es, wenn wir zusammenarbeiten/Sie das Produkt kaufen?"*
- *„Wenn Sie diesen Kauf tätigen, hätten Sie dann lieber das grüne oder das blaue Modell?"*

Testabschlüsse stellen sicher, dass ein Verkäufer weiß, woran er bei dem Interessenten ist, und er seine und die Zeit des Kunden nicht verschwendet. Dem Kunden zeigen diese Schritte das strukturierte Vorgehen des Verkäufers auf und dokumentieren so dessen Professionalität. Selbstverständlich müssen die Test-Abschluss-Fragen immer freundlich und im Rapport mit dem Kunden gestellt werden, damit er sie als angenehm, passend und sinnvoll erlebt.

Wenn Sie im Verkauf tätig sind und nun Lust haben, die für Ihre Situation passenden Test-Abschluss-Fragen vorzubereiten, hat der obige Abschnitt seinen Sinn erreicht.

3.4 Ankern beim Präsentieren und Informieren

Anker sind auch beim Business-NLP sehr nützlich. Das gilt besonders für die visuellen. Kinästhetische Anker jedoch kann man im Business-Alltag, außer als Selbstanker für Zustände, kaum verwenden, da Berührungen meist unangemessen sind. Auditive Anker eignen sich in Gruppensituationen als Signale und Zeitgeber. – Im Verkauf von Produkten, Dienstleistungen oder auch von Ideen hat sich die folgende Vorgehensweise bewährt:

1. *Vor der Präsentation oder dem Gespräch sortiert man alle wichtigen positiven und negativen Punkte schriftlich rechts und links auf einem Blatt Papier.*
2. *Dann legt man den positiven und negativen Anker fest.* Besonders gut sind die Hände, da Sie sie zum Gestikulieren verwenden können. Sie können aber auch zwei Blätter auf dem Tisch oder Visualisierungen (Beamer, Flipchart) rechts und links wählen. Nehmen Sie bitte nicht den Kopf auf die rechte oder linke Seite als Anker, damit besonders der negative Anker nicht direkt mit Ihnen verbunden wird. Die Hände kann man leichter wieder neutralisieren, indem Sie sie zusammenlegen oder symbolisch ausschütteln.
3. *Nun beginnt die Aufladung der Anker während des Gespräches oder der Präsentation. Dazu gestikulieren Sie bei positiven Punkten immer mit derselben Hand und bei negativen Themen verwenden Sie stets die andere Hand.* Am bequemsten ist rechts positiv und links negativ. Der negative Anker muss insgesamt weniger geladen und benutzt werden, da Negatives ohnehin im Gehirn besser gespeichert wird. Außerdem soll die Stimmung im Verkauf möglichst positiv sein.
4. *Gegen Ende des Gesprächs/der Präsentation nutzen Sie den positiven Anker, um die Sympathie und das Interesse des Kunden in Ihre Richtung zu lenken. Dazu stellen Sie zum Beispiel die Frage: „Wie gut entspricht dies nun Ihren Vorstellungen und Bedürfnissen?" Dazu gestikulieren Sie aufmunternd mit der rechten positiven „Anker-Hand".* Der entsprechende Tonfall stellt sich dabei oft ebenfalls „automatisch" ein. Sie können auch eine Alternativfrage stellen und dabei beide Anker verwenden, beispielsweise: *„Wir können nun alles Erörterte noch einmal ausführlich analysieren und diskutieren."* Dabei verwenden Sie den negativen linken Anker. *„Vielleicht können wir auch jetzt zum Abschluss unserer Verhandlungen kommen? Was meinen Sie?" Dabei gestikulieren Sie mit der positiven, rechten „Anker-Hand".*
5. Wenn Sie dem Kunden auch inhaltlich das für ihn Passende geboten haben, können Sie sich nun an der positiven Reaktion Ihres Kunden freuen.

Diese Methode hat es in sich. Zum einen verbessert man die Klarheit seiner Argumente und bietet dem Kunden so eine bessere Kommunikationsleistung. Und auf der anderen Seite wirken die Anker meistens unbewusst positiv oder negativ beeinflussend auf den Kunden. Deshalb stellen Teilnehmer an dieser Stelle oft die Frage nach der Manipulation: Wer natürlicherweise sehr gut und klar kommuniziert, benutzt solche Verhaltensweisen automatisch. Deshalb darf aus meiner Sicht ein guter Verkäufer mit einem guten passenden Produkt den möglichen Vorteil aus seiner ausgezeichneten Vorbereitung und Kundeninformation auch ernten. Dies gilt natürlich wieder unter der Voraussetzung, dass das Produkt/die Dienstleistung die positiven Erwartungen des Kunden erfüllen kann. Alles andere wäre bei mittel- und langfristigen Kundenbeziehungen eher geschäftsschädigend.

3.5 Einwandbehandlung – Einwände sind „verkleidete“ Fragen

Für die meisten Menschen und viele Verkäufer ist ein „Nein“ unangenehm. Es bedeutet vielleicht sogar Misserfolg, verlorene Zeit, Energie und eine persönliche Ablehnung. Die besten Verkäufer der Welt machen ihre Abschlüsse allerdings erst nach ca. fünf Einwänden.

Ein guter Verkäufer betrachtet also Einwände als etwas, das er wertschätzt. Hier sollen Ihnen einige Methoden zur Einwandbehandlung aufgezeigt werden, mit denen Sie sich in Zukunft regelrecht auf Einwände freuen können.

Wenn Sie die Einwände Ihres Kunden nicht kennen, können Sie nicht zu einem Abschluss gelangen, deshalb zur Klärung vorab: Was ist denn ein Einwand:

1. eine Chance, wirklich zu erfahren, welche Gedanken sich der Kunde gerade macht;
2. eine Gelegenheit, die Glaubenssätze und Ängste, die das Verhalten Ihres Kunden im Moment bestimmen, näher kennenzulernen.
3. allgemein formuliert: Einwände und deren Klärung sind die beste Möglichkeit, zu einem Abschluss zu kommen. Einwände dienen dem Nutzen des Kunden wie auch Ihrem.

Einwände verstehen wir als „verkleidete Fragen“. Mit dieser „positiven“ Sicht verfällt man nicht in den Fehler, einen Einwand und damit den Kunden zu bekämpfen.

Wie geht man „vorbeugend“ mit Einwänden um?

- Am besten kümmern Sie sich schon im Voraus um die möglichen Einwände und deren Beantwortung.
- Stellen Sie mögliche Einwände ins Abseits, indem Sie im Verkaufsgespräch von sich aus über sie und ihre Klärung reden.
- Bauen Sie einen ganz starken Rapport mit Ihrem Kunden auf.
- Setzen Sie Test-Abschlüsse gekonnt ein.
- Setzen Sie die Dinge in einen optimalen Rahmen. Benutzen Sie Kontraste.
- Erledigen Sie das „Einwands-Monster“, wenn es klein ist.

Wenn ein Einwand ausgesprochen wird,
stellen Sie sich gefühlsmäßig auf die Seite des Kunden.
Begegnen Sie jedem Einwand mit Verständnis. Bestätigen Sie die Wichtigkeit der Frage des Kunden und leiten Sie mit Ihrer Antwort in eine konstruktive Richtung.

Eine längerfristig erfolgreiche Beziehung mit Ihren Kunden ist nur dann möglich, wenn Ihre Kunden merken, dass Sie sie verstehen, dass Sie ihnen ähnlich sind und dass Sie sich intelligent und fair verhalten. Manchmal können Sie genau jene Gründe, die zum Einwand geführt haben, dafür einsetzen, um zu einem erfolgreichen Abschluss zu gelangen.

3.5.1 Die Einwandbehandlung Schritt für Schritt

1. Relax – es ist nur ein Einwand

Vielleicht meint der Kunde es gar nicht so – viele Einwände werden erfahrungsgemäß „rein automatisch" vorgebracht. Der beste Weg, mit automatischen Einwänden umzugehen, ist es Fragen zu stellen, die den Kunden involvieren:

Kunde: „Das ist sicher teuer." – Verkäufer: „Worauf kommt es Ihnen sonst an?" oder: *„Im Vergleich wozu?"*

Da manche Einwände von Kunden wie gesagt „rein automatisch" sind, seien Sie nicht zu sehr darauf aus, jeden möglichen Einwand sofort zu bewältigen. Lassen Sie ihn, wenn möglich, vorbeiziehen und gehen Sie zu Wichtigerem über.

2. Dem Einwand zuhören

Lassen Sie den Kunden ausreden. Vielleicht beantwortet er sich den Einwand schließlich selbst. Eventuell ist Ihnen das auch schon so gegangen. Ein Kunde wird von alleine ruhiger und beantwortet sogar seinen eigenen Einwand, während Sie ihm lediglich zuhören und sich nicht verteidigen.

3. Wiederholen und Nachfragen

Wiederholen Sie den Einwand (in einer netten Art) und geben Sie ihn wieder als Frage an den Kunden zurück. Beispiel:

Kunde: „Es ist zu teuer???"

Verkäufer: „Ich weiss, dass Sie Gründe haben, das zu sagen ... darf ich fragen, welches Ihre Gründe genau sind?"

4. Den Einwand zum letzen Einwand machen

Sie können diesen Einwand zum letzten Einwand machen, indem Sie das „Nur mal angenommen"-Sprachmuster einsetzen. Beispiel:

Verkäufer: „Nur mal angenommen, wir können die Sache mit dem Preis regeln, würden Sie dann das Produkt kaufen?"

Wenn Ihr Kunde Ihnen die Gründe für seinen Einwand nennt, dann gibt er Ihnen oft damit das Werkzeug in die Hand, um den Abschluss vorzubereiten, weil er Ihnen mitteilt, was ihn im Moment am meisten beschäftigt.

5. Übereinstimmung suchen

Stimmen Sie mit dem Kunden überein, damit er sich wohlfühlt. Achten Sie auf Ihre Sprachmuster! Wenn Sie das Wort „aber“ benutzen, stoßen Sie die andere Person weg: Statt *„aber“ können Sie (fast) immer „und“* sagen.– Einleitungen der Zustimmung sind:

- *„Ich schätze ... und ...“*
- *„Ich respektiere ... und ...“*
- *„Ich stimme mit Ihnen darin überein, dass ...“*
- *„Ich höre das oft ...“*
- *„Andere haben auch das Gefühl ...“*
- *„Das ist ein wichtiger Punkt ...“*
- *„Gut, dass wir auf diese Sache zu sprechen kommen ...“*

Es sind jeweils kleine und wichtige Sprachmuster: So einfach sie sich anhören, so effektiv sind sie, um auch Ihr Gegenüber nun eher mit Ihnen übereinstimmen zu lassen. Auch er möchte Ihren Standpunkt verstehen.

Diese Techniken sind dann erfolgreich, wenn Sie Ihr Gegenüber wirklich als Partner akzeptieren oder mögen. So können Sie aus der Fülle der Aussagen Ihres Kunden jederzeit etwas schätzen lernen und respektieren. Wenn wir die Übereinstimmung mit unserem Kunden gefunden haben, befinden wir uns auf seiner Seite und lassen ihn die Verbindung spüren.

6. Den Einwand zur Frage machen

Einen Einwand können Sie nicht direkt beantworten, eine Frage sehr wohl. Man kann also folgendermaßen reagieren: *„Da stellt sich doch die Frage, was ist der richtige Zeitpunkt für diese Anschaffung?“, „ Ist das Ihre eigentliche Frage?“* Oder: *„Es geht also um die Frage, wie das Preisleistungsverhältnis aussieht?“*

Fragen bestimmen den Fokus des menschlichen Erlebens. Wenn Sie durch konstruktive Fragen den Fokus Ihres Kunden verändern, ändern Sie auch sein Erleben.

Stellen Sie also Fragen, die positive Vorannahmen beinhalten. Beispiele:

- *„... wie Sie viel mehr Vorteile erhalten, als Sie erwarteten?"*
- *„..., ob Sie wirklich das erhalten, was Sie sich vorstellen, wenn Sie diesen Preis investieren?"*
- *„..., wie wir sicherstellen können, dass Sie die Vorteile dieses Programms schon jetzt nutzen können?"*

Wenn Ihr Kunde „Ja" sagt, dann ist die Antwort auf diese Frage der neue Fokus. Wenn Sie einen Einwand in eine Frage verwandeln, wählen Sie am besten gleich eine Frage, die Ihren Kunden an seine eigentliche Motivation, zu kaufen, erinnert. Weitere Beispiele:

- *„Wenn wir das jetzt nicht erledigen, wird es Sie in der Zukunft nicht viel mehr kosten?"*
- *„Wäre es nicht wichtig, für Sie herauszufinden, wie wir das realisieren könnten, sodass Sie diese Schwierigkeit nicht mehr erleben müssen?"*
- *„Würden Sie nicht viel mehr von unserem Plan profitieren, auch wenn er eine anfängliche Investition benötigt?"*

Es geht dabei darum, den Fokus weg von den Einwänden hin auf die Vorteile zu lenken.

3.5.2 Den Einwand beantworten

Die Frage kann am einfachsten auf eine der sechs folgenden Arten beantwortet werden. Dafür gibt es auch die Gedankenstütze **„Wieso Uwe & Ev?"**

1. Wieso

Hier kontern Sie die Frage des Kunden mit einer Gegenfrage. Es ist eine energische Methode im Gespräch umzuschwenken, die Mut, Fingerspitzengefühl für den Kunden und den richtigen Zeitpunkt braucht. Beispiel:

„Ich verstehe nicht genau, WIESO Sie diesen Punkt wieder ansprechen, nachdem Sie mir eben gesagt haben, wie wichtig die Resultate für Sie sind, die mit diesem Produkt erreicht werden können."

2. Umdrehen

Benutzen Sie den Einwand als Hauptgrund, um den Kunden zum Kauf Ihres Produktes zu motivieren. Beispiel:

„Gerade weil die wirtschaftliche Lage zurzeit schlecht ist, lohnt es sich jetzt zu investieren. Da die Preise günstig sind und Sie zudem besser dastehen als die Wettbewerber, wenn die Konjunktur wieder anzieht."

3. Werte-Waage: den Einwand überwiegen

Einen Einwand „überwiegen" Sie, indem Sie auf wichtigere Werte hinweisen. Dafür ist es besonders bei persönlichen Investitionen wichtig, dass der Kunde Sie respektiert und Ihnen vertraut. Beispiele:

- *„Ich verstehe, dass Sie sich über die Versicherungsprämie Gedanken machen. Was ist Ihnen schlussendlich wichtiger, die finanzielle Investition oder die Sicherheit, für eine gute Ausbildung Ihrer Kinder vorgesorgt zu haben."*
- *„Natürlich ist es sinnvoll, den Nutzen dieser Investition abzuwägen. Was ist jetzt wichtiger, die finanziellen Rücklagen auf der Bank oder die Investition in ein Produktionsmittel, das Ihren Erfolg in der Zukunft sichert?"*

4. Einzelschritte zum Minimum

Reduzieren Sie den Einwand bis ins Lächerliche. Beispiel:

- *„Ich freue mich, dass Sie sich Gedanken über die Kosten machen. Dieses Produkt, von dem Sie eben gesagt haben, dass Sie es täglich brauchen würden, kostet Sie 100 Euro im Jahr, das sind 8,33 Euro pro Monat oder 27 Cent pro Tag. Das ist es doch wert!!?"*
- *„Ich schätze Ihr Qualitätsbewusstsein. Und im ersten Moment scheint die einwandfreie Funktion eines Aufzeichnungsmonitors über vier Jahre, im Vergleich zu Ihrem Fernseher, wenig. Da der Monitor aber rund um die Uhr in Betrieb ist, müsste Ihr Fernseher bei einer regelmäßigen Laufzeit von drei Stunden jeden Tag erst einmal 32 Jahre fehlerfrei durchhalten, um die gleiche Leistung zu schaffen wie unsere qualitativ hochwertigen Monitore."*

5. Erklären Sie wieso

Diese Methode ist klar und einfach und zeigt das Fachwissen eines Verkäufers. Wer davon (noch) nicht genug besitzt, kann erfahrene Fachleute aus dem eigenen Unternehmen bitten, ihm die nötigen Informationen zu liefern. Beispiel:

„Die Frage ist also, wie viel Leistungen Sie für diesen Preis bei uns erhalten? Wir verwenden nur die qualitativ hochwertigsten Materialien XYZ zur Fertigung. Jedes einzelne Exemplar wird genau getestet. Und Sie erhalten aus voller Überzeugung eine Garantie von drei Jahren."

6. Verneinen

Wenn Sie sicher sind, dass der Einwand Ihres Kunden ganz einfach nicht stimmt, dann können Sie ihn auch klar verneinen. Beispiel:

„Das könnte man zwar annehmen. Allerdings stimmt es nachweislich nicht, dass wir teurer sind. Ich habe dazu unsere Preise mit denen unserer Wettbewerber verglichen und kann Ihnen sagen, dass sie allesamt höhere Preise für ein ähnliches Produkt verlangen."

3.6 Zusammenfassung des dritten Kapitels

Um besonders nützliche Business-NLP-Elemente für Verkäufer oder für den Verkauf von Ideen durch Vorgesetzte oder Mitarbeiter geht es in diesem Kapitel. Es werden viele einzelne Elemente dargestellt, die insgesamt und schrittweise den gesamten Verkaufsprozess nachzeichnen. Es geht um:

- die Einstellung zum Verkaufen,
- die Kaufmotivation, Vorlieben und Kategorien von Kunden,
- den geschickten „NLP-mäßigen" Einsatz der Sprache und die Fragetechnik,
- Ankern beim Präsentieren und
- die erfolgreiche und ehrliche Einwandbehandlung.

4. Business-Coaching mit NLP

4.1 Die Vielfalt der Themen im Business-Coaching

4.1.1 Neue Aufgaben oder Führungspositionen übernehmen

Ein Beispiel für die Durchführung eines Power-Coaching-Programms (siehe Seite 148ff) war die Situation von Frau Lange. Sie war sehr jung, nämlich 27 Jahre alt, als sie für einen Geschäftsbereich mit 300 Mitarbeitern die Aufgabe der Personalchefin übernahm. Sie hatte neben großen Stärken verschiedene Problempunkte. Dazu gehörten ihre Jugend, ihre ruhige Art und ihre leise bis sehr leise Stimme. Dadurch war sie besonders bei Besprechungen und Präsentationen vor größeren und hierarchisch hochgestellten Personenkreisen sowie im Umgang mit aggressiveren Kollegen verunsichert.

Im Verlaufe des Coachings lernte sie ihren inneren Zustand zu stabilisieren, wodurch ihre Stimme dauerhaft kraftvoller wurde. Außerdem stellte sie fest, dass ihre ruhige Sprechweise nicht aus Unsicherheit entstanden war, sondern aus der gelassenen, liebe- und verständnisvollen Stimmung in ihrem Elternhaus. Deshalb wurde ihr klar, dass sie sich nicht zu einer lauten Person entwickeln wollte, sondern sich noch deutlicher und selbstbewusster auf ihre außergewöhnlich starken, ureigenen Fähigkeiten konzentrieren konnte. Diese Qualitäten waren insbesondere große innere Klarheit und Aufmerksamkeit, gelassenes Wohlwollen gegenüber anderen, sachlicher Überblick und Konstruktivität auch in schwierigen Situationen und ein sicheres Gefühl für angemessenes Verhalten bei sich und bei anderen. Das Feedback ihrer Umgebung zur deutlichen und schnellen Verbesserung ihrer Schwächen war hervorragend.

4.1.2 Das eigene Unternehmen noch besser führen

Frau Schmidt war Inhaberin und Geschäftsführerin eines großen Reiseunternehmens. Sie wollte im Coaching ihre Führungsfähigkeiten verbessern. Es gab verschiedene Gründe aus der Vergangenheit, die – zu Glaubenssätzen geworden – nun dazu beitrugen, dass sie sich

gegenüber Mitarbeitern nicht gut genug durchzusetzen vermochte. Außerdem war sie beruflich und privat am Rande ihrer Kraft. In vier Coaching-Terminen mit Gesprächen, Übungsaufgaben und Wingwave-Prozessinterventionen konnten alle Themen zu ihrer vollsten Zufriedenheit gelöst werden.

4.1.3 Berufliche Selbstständigkeit

Dieses Coaching-Beispiel ist deshalb so interessant, weil es dabei unter anderem ums „liebe Geld" geht. Dr. Kleiner ist Arzt, der gleichzeitig als Psychotherapeut arbeitet. Da er sehr auf seine soziale und helfende Rolle konzentriert war, fiel es ihm schwer, für seine therapeutische Arbeit bei seinen Patienten Werbung zu machen.

Sein Coaching-Programm dauerte ungefähr vier Wochen. Bereits nach 14 Tagen hatte er das Geldthema erfolgreich abgeschlossen. Den Preis für das Coaching, der zu diesem Zeitpunkt, gemessen an seinem Einkommen, recht hoch war, hatte er nach der Hälfte des Programms durch neue Therapiepatienten schon wieder „hereingeholt". Er hatte dazu als Erstes eine bessere Einstellung zum Thema Geld entwickelt. Deshalb konnte er sein Therapieangebot nun den dafür in Frage kommenden Patienten selbstbewusst und natürlich vortragen. Dadurch hatte er in kurzer Zeit in diesem Sektor seiner Tätigkeit entschieden mehr zu tun.

Sich selbstständig zu machen ist ebenfalls immer wieder ein Thema im Coaching. Aus meiner Erfahrung ist dabei das Verhältnis derer, die es tatsächlich erfolgreich tun, und denen, die während des Coachings herausfinden, dass es nicht der richtige Schritt für sie ist, etwa fifty-fifty. Die entscheidenden Punkte dabei sind der Familienhintergrund mit oder ohne selbstständige Vorfahren und die Fähigkeit, vor allem zu Beginn völlig allein auf sich gestellt seinen beruflichen Alltag bewältigen zu können oder zu wollen.

4.1.4 Standortbestimmungen in wichtigen oder schwierigen Situationen

Herr Heinzler ist Geschäftsführer einer Geschäftseinheit innerhalb eines industriellen Großkonzerns. Aufgrund der technischen Entwicklung, die die bisherigen Produkte nahezu überflüssig machte, wurde die Geschäftseinheit geschlossen. In dieser Situation bekam Herr Heinzler ein Coaching zur beruflichen Standortbestimmung und Ausrichtung in der Zukunft. Besonders ging es darum, ob Herr Heinzler in den verbleibenden ca. zehn Jahren bis zur Pensionierung noch einmal „voll durchstarten" und innovative neue Wege im Un-

ternehmen bearbeiten wollte. Oder ob er lieber eine sichere, eventuell weniger gut dotierte Position innerhalb eines anderen Geschäftsbereiches annehmen wollte. Wir arbeiteten mit der Unternehmenspyramide, einer Stärken-Schwächen-Analyse und NLP-Veränderungstechniken. Sein kongruentes und zufriedenes Fazit war die Entscheidung für den sicheren Weg. So übernahm er schon während der Coaching-Phase eine neue Stelle im Geschäftsbereich eines ehemaligen Geschäftsführerkollegen.

Bei einem anderen Coaching zum Thema berufliche Neuorientierung entschloss sich der Coachee zum Durchstarten und bekam auch die entsprechende Stelle. Aufgrund der damit einhergehenden verstärkten Reisetätigkeit wurden Coaching-Termine immer wieder verschoben und das Coaching früher als geplant abgeschlossen. Im Sinne der Fähigkeit, die Coaching-Klienten möglichst schnell wieder „loszulassen", war dies ebenfalls ein Erfolg.

4.1.5 Den Vertrieb verbessern

Ab dem Jahr 2001 gaben die Preise in den verschiedenen industriellen und Dienstleistungsbereichen deutlich nach. Damit wurden die Margen geringer und der Druck im Vertrieb immer höher. Deshalb gab es ab dieser Zeit besonders im Bereich Verbesserung des Vertriebs über mehrere Jahre hinweg vermehrt Coaching-Bedarf. Besonders in diesem Coaching-Bereich sind die Themen, die wir bearbeiten, deutlich stärker auf die praktische Erarbeitung von geschäftlichen Aufgabenstellungen bezogen. Dabei werden

- *Telefon-Akquisitions-Leitfäden entwickelt,*
- *Werbematerial geplant und getextet,*
- *Mitarbeiter-Belohnungs-Systeme ausgeklügelt,*
- *Führungs-Know-how trainiert,*
- *Verantwortungsstrukturen beleuchtet und verbessert,*
- *die Zukunftschancen der Branche analysiert,*
- *die Arbeitspläne der Führungskraft und der Mitarbeiter optimiert,*
- *Präsentationen entwickelt,*
- *der Auftritt und Vortrag vor der Videokamera geübt.*

Daneben kommen natürlich auch mehr oder weniger intensiv die in diesem Kapitel beschriebenen NLP-Coaching-Techniken zum Zuge.

4.1.6 Konflikte und Stress abbauen – Motivation gewinnen

Herr Fischer war Mitarbeiter der Marketingabteilung eines großen Industrieunternehmens. Er entschloss sich zu einem Power-Coaching, weil er vor und in schwierigen Phasen, auch während jedes neuen Projektes, unter starken Magenschmerzen und anderen Stresssymptomen litt. Innerhalb des acht Wochen dauernden Coaching-Programms mit drei Ge-

sprächsterminen begann er mit einer neuen beruflichen Aufgabe. Nach dem ersten Temin (NLP-Veränderungsarbeit und Audio-Programm-Themen) waren seine Magenschmerzen bereits verschwunden. Nach dem zweiten Treffen startete er mit seiner neuen Aufgabe, der Leitung von Fachseminaren für die Mitarbeiter des eigenen Unternehmens. Dieser für ihn überraschend positive Start und die Analyse seiner persönlichen Werte machten beim dritten Coaching-Gespräch überdeutlich, wie gut diese Tätigkeit zu ihm passte. Die Veränderungsphase führte durch das Power-Coaching-Programm zu einer klaren Verbesserung seiner gesamten Lebenssituation.

4.1.7 Höchstleistungen erreichen und halten

Höchstleistungen im Sport oder in anderen beruflichen Zusammenhängen sind anspruchsvoll, aber auch sehr befriedigend und inspirierend, wenn die persönlichen Fähigkeiten des Leistungsträgers die Voraussetzungen dazu bieten. Gleichwohl gibt es auch bei Coachees, die in diesem Spielfeld erfolgreich sind, immer wieder kleinere Krisen, berufliche Veränderungen und „High-achievement"-Stress. Für solche Themen eignen sich besonders die Genauigkeit der Analyse innerer Abläufe mit Hilfe von NLP und die Wingwave-Prozessarbeit.

4.2 NLP-Tools und Hintergrundwissen im Business-Coaching

4.2.1 Wer ist ein guter Coach?

Individuelles Business-Coaching ist für die meisten, die es kompetent tun, einer der erfreulichsten Bereiche ihrer Tätigkeiten. Weil es um eine konkrete Veränderung und Verbesserung geht, der Erfolg des Coachings schnell eintritt, der Coachee Vertrauen zum Coach hat oder aufbaut, der Coach sein gesamtes Methoden- und Erfahrungsspektrum nutzen kann und weil Coaching zu zweit in einer angenehmen Atmosphäre abläuft.

Diese fünf Punkte lassen auch die Anforderungen an einen erfolgreichen Business-Coach deutlich werden. Er braucht einen sehr guten – zum jeweiligen Coachee passenden – Ausbildungs- und Erfahrungshintergrund. Dieser sollte möglichst sämtliche nachfolgenden Punkte enthalten:

- *Beruf mit erfolgreichem Leistungsausweis,*
- *Studium,*
- *psychologische Ausbildung,*
- *Coaching-Ausbildung,*
- *exzellente psychologische Fähigkeiten,*
- *ausgezeichnete kommunikative Fähigkeiten,*
- *hohe, sehr ausdifferenzierte Wahrnehmungsfähigkeit,*
- *Anwendungskompetenz in fundierten Coaching-Methoden,*
- *strukturiertes, zielgerichtetes Denken und Vorgehen,*
- *positives, entwicklungsorientiertes Menschenbild oder MMMM – **Man muss Menschen mögen**,*
- *starke, authentische, positive Persönlichkeit,*
- *konstruktive, erfolgreiche Lebenserfahrung,*
- *macht seine Coachees möglichst schnell „fit" und „lässt sie gerne los",*
- *Verschwiegenheit.*

Wenn einzelne der obigen Punkte nicht vorhanden sind, kann die Person gleichwohl ein guter Coach sein. Dies betrifft einerseits sehr junge, aber gleichzeitig sehr gut ausgebildete und engagierte Coaches, die noch auf wenig Lebenserfahrung und berufliche Erfolge zurückblicken können. Trotzdem können sie für viele Menschen hervorragende Coachings durchführen. Auf der anderen Seite gibt es gestandene, sehr erfolgreiche Berater und Geschäftsleute, die wenig oder keine psychologische Ausbildung vorweisen könnten und dennoch geschätzte und erfolgreiche Coaches für anspruchsvolle Kunden sind.

Dazwischen finden sich viele weitere „untypische" Coaches wie Führungskräfte, die Mitarbeiter coachen, Laufbahnberater, PR-Berater, Sporttrainer, Personaler, Privat-Banker, die von langfristigen Kunden nicht nur in Geldangelegenheiten befragt werden und viele andere. Sie alle profitieren sehr, wenn sie sich in Business-NLP fortbilden. Natürlich wäre es ideal, wenn jeder Coach über alle obigen Qualitäten, Erfahrungen und Ausbildungen verfügte. In der Praxis entscheiden oft die Bedarfssituation, das Vertrauensverhältnis und die Ergebnisse, die erreicht werden, über das ideale Coach-Coachee-Paar.

4.2.2 Die Kernfragen beim Coaching

Damit man beim Coaching zügig zum Kern des Problems oder des Zielwunsches kommt, kann man sich als Coach folgende Fragen stellen:

a) bei Problemen
- *Welches innere Erleben und Verhalten könnte die Ursache oder der Auslöser für das „äußere" Problemverhalten sein?*
- *Was an diesem inneren Erleben und Verhalten ist gut? (sekundäre Gewinne)*
- *Welcher zentrale, möglichst einfache Anteil an diesem inneren Verhalten/Erleben müsste sich wie ändern, damit alles Positive erhalten bleibt und das Problem verschwindet?*
- *Was muss der Coachee tun, erleben oder durchlaufen, damit die Veränderung stattfindet?*

b) bei Zielen:
- *Was muss innerlich oder äußerlich getan werden oder passieren, damit der Coachee sein Ziel auf dem schnellsten und/oder besten Weg erreicht?*
- *Was muss der Coachee tun, erarbeiten, erleben oder durchlaufen, damit das Ziel auf dem schnellsten und/oder besten Wege erreicht wird?*

Die Antworten auf diese Fragen können sehr komplex sein, deshalb sind Erfahrung und hohe Aufmerksamkeit beim Coaching sehr wichtig.

Während des Coaching-Prozesses gibt es zum Orientieren und weiteren Vorankommen eine Reihe nützlicher und einfacher Fragen:

- *„Zu wie viel Prozent bist du/sind Sie sicher, dass es klappt?" (Oder: „... du es schaffst", „... Sie es machen?", „... Sie es können?")*
- *Bei weniger als 100 Prozent: „Was braucht es noch, damit du 100 Prozent sicher bist?/ Sie 100 Prozent sicher sind?"*
- *Bei weiterhin weniger als 100 Prozent: „Was braucht es nun noch, damit ...?"*

Diese Fragen setze ich ein, wenn beim Coachee während der Veränderungsarbeit gerade wenig läuft oder er/sie sagt, dass alles in Ordnung ist, aber die Physiologie dazu einfach noch nicht stimmt. So kommen wir schrittweise (fast) immer auf 100 Prozent.

4.2.3 Einige Kernstrukturen des Menschen

Die Komplexität des inneren Erlebens/Verhaltens von Menschen ist, wie gesagt, natürlich sehr hoch. Deshalb ist es sehr nützlich, wenn ein Coach durch Interesse, Talent, Lernen, Übung und Erfahrung eine möglichst große Virtuosität beim Wahrnehmen und Verstehen von inneren menschlichen Abläufen erreicht hat. Im Folgenden finden Sie nun einige Strukturen und Wahrnehmungsanleitungen, um diese inneren Abläufe zu beobachten, einzuordnen und um Sie schließlich verbessern zu können.

Menschen bestehen also aus einer Vielzahl von bewussten, halbbewussten und unbewussten Gedanken, Gefühlen, Einstellungen, Werthaltungen, Charaktereigenschaften etc. Um diese Dinge besser und einfacher zu verstehen, ist das Wissen um die NLP-Elemente über die Strukturen des subjektiven Erlebens äußerst hilfreich. – Nach NLP-Verständnis sind:

... **Gedanken** eine Kombination aus auditivem, visuellem, kinästhetischem, olfaktorischem und gustativem innerem Erleben. Die positive, negative oder eher neutrale Qualität eines Gedankens wird von der Ausprägung der Submodalitäten, der verschiedenen VAKO-Sinneskanäle bestimmt. Gedanken und ihr Erleben können unbewusst, halbbewusst oder bewusst ablaufen. Mit Hilfe von Fragen oder vom Coachee gewünschten Anweisungen kann man die Bewusstheit und auch die Qualität von Gedanken beeinflussen und verändern.

... **Gefühle** das Gleiche wie Gedanken. Nur das Erleben der Kinästhetik ist stärker im Vordergrund. Außerdem sind bei starken Gefühlen auch die anderen Sinneskanäle mit stärker ausgeprägten inneren oder/und äußeren Wahrnehmungen beschäftigt.

... **Einstellungen** mehr oder weniger fest formulierte Glaubenssätze, die ebenfalls von einem spezifischen inneren VAKO-Erleben begleitet werden, wie Gedanken und Gefühle.

... **Werthaltungen** etwas fester definierte Begriffe oder Werte, wie Liebe, Dankbarkeit, Glück, Vertrauen, Ehrlichkeit etc. Sie sind natürlich ebenso wie Einstellungen von einem mehr oder weniger bestimmten VAKO-Erleben begleitet. Bei den in der Regel positiv definierten Werten ist dieses Erleben meist und überwiegend positiv. Unsere Werte sind die Zustände, die uns individuell am wichtigsten sind.

... **Charaktereigenschaften** sich mehr oder weniger oft und genau wiederholende Strukturen und Abläufe von innerem und äußerem Erleben und Verhalten. Sie bestehen aus einer Kombination und Abfolge der gerade beschriebenen obigen Elemente. So sind sie komplexer und von längerer Dauer.

... bzw. ist **Identität** eine Kombination von recht festen Glaubenssätzen über die eigene Person. Sie sind wiederum von einem inneren VAKO-Erleben und von Verhaltensweisen begleitet. Wie oben bereits erwähnt, können diese Sätze plus Erleben bewusst, halbbewusst und unbewusst sein. Durch Fragen, Aufschreiben, gezieltes Gedankenreisen können sie bewusst gemacht werden. Falls vom Coachee gewünscht und innerhalb seines gesamten Systems sinnvoll, können auch Teile der Identität verändert werden.

... bzw. ist die **Persönlichkeit** die Summe aller obigen Elemente und Strukturen eines Menschen.

Augenzwinkernd könnte man meinen: „Ist doch alles eigentlich ganz einfach." Gleichwohl sind diese Kernstrukturen des Menschen in der Summe auch aus NLP-Sicht noch überwältigend vielfältig und komplex. Allerdings macht die hier gegebene Beschreibung sicher deutlich, dass ein Coach mit NLP-Verständnis entschieden bessere Chancen hat, einen Coachee zu verstehen und ihn bei mehr oder weniger tief greifenden Veränderungen zu unterstützen, als ein Coach ohne dieses Wissen. Dabei habe ich immer wieder erfreut feststellen können, dass sich NLP mit allen anderen Systematisierungen und Verbesserungsmethoden des menschlichen Erlebens und Seins, denen ich in unterschiedlichsten Kontexten begegnet bin, immer „gut verträgt".

4.2.4 Die Physiologie lügt nie!

Wenn man sich eine Weile im Beobachten der Physiologien geübt hat, kann man sehr schnell Zustände bei anderen wahrnehmen bzw. sich auf den Zustand eines Menschen, dem man begegnet, kalibrieren. Die Körpersprache und Mimik geben sehr gute Hinweise zum Gefühls- und Energiezustand eines Menschen in der jeweiligen Situation oder in Bezug auf sein Coaching-Thema. Bitte achten Sie also bei Ihrem Coachee, während Sie mit ihm sprechen, ihm Fragen stellen oder zuhören, jederzeit auf folgende Aspekte:

- *die Symmetrie zwischen rechts und links –*
  a. der Beine und Füße,
  b. des Körpers,
  c. der Arme und Hände,
  d. der Kopfhaltung und
  e. der Mimik.

- *die Symmetrie zwischen vorne und hinten bzw.*
  - a. *aufrechte,*
  - b. *überstreckte oder*
  - c. *zusammengesunkene Körper- und Kopfhaltung.*
- *die Mimik und dort besonders auf*
  - a. *die Augen (klein, groß, feucht, trocken) und*
  - b. *die Mundpartie (Spannung, offen, geschlossen, Mundwinkel),*
  - c. *die Durchblutung und*
  - d. *die Muskel- und Gewebespannung.*
- *die Bewegungen –*
  - a. *deren Schnelligkeit oder Langsamkeit,*
  - b. *den Rhythmus,*
  - c. *die Größe oder Kleinheit und*
  - d. *die Harmonie.*
- *die Atmung mit*
  - a. *der Geschwindigkeit,*
  - b. *der Tiefe und*
  - c. *dem Ort (Bauch, Brust oder beides).*

Wenn Sie das „locker" können, gehen Sie aufgrund der Spiegelneuronen auch mit der Körpersprache des Coachees mit. Dadurch verstehen Sie ihn in der Regel „automatisch" so gut, dass Sie fast Gedanken lesen können.

Wenn Sie beim Versuch, all die obigen Elemente der Physiologie zu beobachten, „einen Knoten ins Gehirn" bekommen und gar nicht mehr zuhören können, lohnen sich ein paar „Trockenübungen": *Die können Sie machen, wann immer Sie Menschen und Gesichter sehen. Selbst wenn Sie nur Bilder oder Fotos von Menschen betrachten, können Sie sich auf die Vielfalt der Ausprägungen der Physiologien von uns Menschen konzentrieren.* Wenn Sie dies einmal ausführlich gemacht haben, werden Sie mit hoher Wahrscheinlichkeit sehr viel Freude und Interesse daran finden. Gleichzeitig nimmt dabei die Virtuosität im Wahrnehmen und Verstehen von Physiologien zu.

Die Physiologie ist, wie wir heute auch aus dem Wissen über Biofeedback, Kinesiologie, Lügendetektoren, sportliche Höchstleistungen usw. ableiten können, aufs Engste mit dem inneren Erleben der entsprechenden Person verbunden. Deshalb „lügt die Physiologie nie". Auch in meiner eigenen Erfahrung als Coach – und vorher als Körpertherapeutin – hat sich das absolut genaue Beachten von körpersprachlichen Signalen immer als richtig herausgestellt. Wenn jemand noch nicht „voll" oder hundertprozentig kongruent, also symmetrisch mit harmonischer, „wohl-gespannter" Mimik und ebensolchen Bewegungen in Zusammenhang mit seinem Veränderungsthema war, gab es immer noch etwas zu verbessern. Bedenken Sie: Erst wenn die Physiologie wirklich stimmt, ist ein Thema vollständig abgeschlossen.

4.2.5 VAKO, Augenbewegungen, Submodalitäten und Sprachgenauigkeit

Die NLP-Erkenntnisse zu diesen Punkten sind hervorragend als Hintergrundwissen für Coaches geeignet. Damit kann man den inneren Prozess des Coachees und seine erfolgreiche Veränderung durch das Coaching viel deutlicher verstehen und einordnen als ein „Nicht-NLPler".

4.2.5.1 VAKO und die Augenbewegungsmuster

Da in Problemsituationen die Wahrnehmung meist eingeschränkt ist, kann man im Verlauf eines erfolgreichen Coachings hören, dass sich die Aussagen des Coachees in mehrere Sinneskanäle ausweiten. Was heißt das praktisch? Wenn der Coachee anfangs das Problem z.B. so beschreibt: *„Sie redet und redet und stellt tausend Fragen hintereinander und ich weiß gar nicht, was ich dazu sagen soll?"* (rein auditiv) Wenn dieses Kommunikationsproblem behoben ist, klingt der Coachee zum Beispiel so: *„Nach unserer Intervention letzte Woche konnte ich bei der nächsten Begegnung mit meiner Chefin besser sehen, dass sie offensichtlich in einem sehr gestressten Zustand ist. Deshalb habe ich sie gebeten, unsere Besprechung auf einen ruhigeren Zeitpunkt zu verschieben. Später war das Gespräch dann gut strukturiert und wir konnten alle Punkte ruhig klären. Zudem hat sie sich, wie ich selbst auch, sichtlich wohlgefühlt. So ist unsere Zusammenarbeit viel mehr nach meinem Geschmack."* (visuell, auditiv, kinästhetisch, gustativ)

Die Augenbewegungsmuster kann man ebenfalls als Beobachtungsparameter verwenden. In der obigen Situation wären dann die Augen des Coachees vor der Veränderungsarbeit hauptsächlich im auditiven Bereich zu sehen gewesen. Bei der Beschreibung der gelösten Situation würden sie sich in allen VAK-Bereichen bewegen.

4.2.5.2 Die Submodalitäten

Auch die Submodalitäten eignen sich sehr gut als Wahrnehmungsraster für NLP-Coaches. Dazu wendet man seine bewusste Aufmerksamkeit vor, während und nach der Veränderungsarbeit auf die Wortwahl des Coachees. Sind die Submodalitäten negativ oder positiv und wie verändern sie sich? Aus welcher Kategorie wählt der Coachee vornehmlich seine Worte:

- ***auditiv*** *– harmonisch, klangvoll, rhythmisch, hoch, melodiös oder abrupt, schräg, sehr langsam, disharmonisch, schrill*
- ***visuell*** *– klar, hell, übersichtlich, farbig, räumlich, rund, groß oder eng, düster, dunkel, verschwommen, grau, eckig*
- ***kinästhetisch*** *– warm, sicher, stark, fließend, weich, glatt oder hart, kalt, schwankend, ruckartig, drückend, stechend, rau*

4.2.5.3 Die Sprachgenauigkeit

Es gibt drei Stufen von Genauigkeit in der verbalen Kommunikation:

1. Sensorisch exakte Sprache

Damit ist der Teil der Sprache gemeint, der genau das beschreibt, was man mit den Sinnen wahrnehmen kann – z.B.: *„Max hat ein weißes Hemd mit Brusttasche und angeknöpftem Hemdkragen aus Baumwolle an."*

2. Fluff

Mit Fluff bezeichnet man den Teil der Sprache, der die Wahrnehmungen der Sinne interpretiert, d.h. ihnen eine eigene „Halluzination" bzw. Vorstellung beifügt. Es ist auch unsere Umgangssprache – z.B.: *„Max hat ein schickes Hemd, das ihm gut steht."*

3. Super Mega Fluff

Mit Super Mega Fluff bezeichnet man jenen Teil der Sprache, der zu unserer direkten Sinneserfahrung keinen Bezug hat. Man nennt dies auch Politiker- oder Beratersprache: Jeder Zuhörer kann sich eine große Anzahl ganz unterschiedlicher Vorstellungen zum Gesagten machen. Genauso wie bei den anderen Sprachgenauigkeitsebenen gibt es Situationen, in denen Mega Fluff sinnvoll, nützlich und nötig ist – z.B.: *„Max Outfit ist den Umgebungsbedingungen optimal angepasst."* Oder: *„Ich möchte, dass diese Zeit wirklich eine absolut wundervolle Erfahrung von Zusammengehörigkeit und unheimlich starker Einheit wird."*

Wenn eine Coaching-Arbeit erfolgreich abgeschlossen ist, hat der Coachee mehr Flexibilität in diesem Bereich. Diese größere Vielfalt drückt sich auch dadurch aus, dass er in allen Genauigkeitsstufen etwas Konstruktives über das Thema sagen kann. Ein kurzes Beispiel hierzu:

- *„Nun kann ich mir sehr gut vorstellen, dass ich diese komplexe Analyse mit meinem Chef bestens absolviere." (Mega Fluff)*
- *„Ich mache am Montag den Termin aus. Dann habe ich genug Zeit, die Unterlagen von Frau Mai und Herrn Juni anzufordern und durchzulesen. Das Gespräch werde ich zeitlich so planen, wie ich es mir eben vorstelle." (Fluff)*
- *„Spätestens am nächsten Freitag um 15 Uhr wird mein Chef nicken, lächeln und »Ok, ich bin einverstanden« sagen. Danach, um 15.15 Uhr, rufe ich Sie an." (sensorisch genau)*

Wenn Sie Ihren Coachee befragen wollen um herauszufinden, ob er nun eine große Flexibilität in Bezug auf sein Thema hat, können Sie Folgendes sagen:

- *„Was meinen Sie nun insgesamt zu der neuen Lösung?" (eher Mega Fluff-Antworten)*
- *„Was wollen Sie machen? Wie wollen Sie das machen?" (eher Fluff-Antworten)*
- *„Woran erkennen Sie, dass es klappt? Und wie sicher sind Sie, dass es so sein wird?" (eher sensorisch genaue Antworten)*

Sie wissen dann auch, dass der Coachee gedanklich das Thema genau durchgearbeitet hat. Dadurch ist die Chance, dass er es auch in die Tat umsetzt, sehr hoch. – Weitere Hilfsmittel für die Umsetzung von im Coaching erarbeiteten Veränderungen und Plänen finden Sie bei den „Schritten der Veränderung" weiter unten (Seite 133ff).

4.2.6 „Feintuning" des Verhaltens

Das „Feintuning" ist eine sehr sensible und effektive Veränderungsmöglichkeit. Ein Beispiel soll es erläutern:

Ein Coachee kam unter anderem mit dem Ziel, seine Mitarbeiter besser zu motivieren. Ein Kollege hatte ihm dazu schon gesagt, dass seine Stimme eher ruhig und wenig motivierend klinge. Was am Telefon ohne seine körperliche Präsenz besonders deutlich wurde. Er selbst war der Ansicht, dass der Kollege mit seinem Feedback richtig liege. Allerdings wisse er nicht, wie er das ändern solle. Also bekam er die Aufgabe, sich selbst beim Sprechen mit anderen am Telefon oder auch „life" eine Woche lang bewusst zuzuhören. In der nächsten Woche sollte er seine Aufmerksamkeit auf Stimmen richten, die er besonders motivierend fand. – Beim nächsten Coaching-Termin hatte sich seine Stimme deutlich zu mehr Lautstärke, Melodie und Rhythmus entwickelt. So klang er natürlich motivierender.

Diese Bewusstmachung des eigenen Verhaltens durch reine Beobachtung funktioniert auch mit körpersprachlichen und visuellen Elementen wie:

- *Körperhaltung,*
- *Kopfhaltung,*
- *Mimik und Lächeln,*
- *bevorzugter Blickrichtung (z.B.: nach unten, was negativer macht),*
- *bevorzugtem Fokus (z.B.: nur auf die Personen vorne beim Vortrag),*
- *negativen Gesten,*
- *Wortwahl,*
- *und vieles mehr.*

Wenn es um die Entwicklung positiver neuer Verhaltensweisen geht, kann man dem Coachee auch die Aufgabe geben, Menschen zu beobachten, die diese Fähigkeiten bereits haben.

Die paradoxe Vorgabe, Menschen zu beobachten, die die gleichen negativen Verhaltensweisen haben wie der Coachee, kann ebenfalls „heilsam" sein. Allerdings hauptsächlich bei aktiven oder aggressiven Verhaltensmustern. Bei Passivität oder depressiven Themen ist die Übung selten geeignet, da dem Coachee oft die Energie für die Aufmerksamkeit fehlt, die distanzierte, neutrale Beobachtung aufrechtzuerhalten.

Egal, ob es um Selbstbeobachtung oder Fremdbeobachtung geht, sind folgende Punkte beim „Feintuning" wichtig:

- *Die Übungsdauer beträgt ca. ein bis zwei Wochen. Bei selten zu beobachtenden Dingen wie Vorträge halten o.Ä. sollten es drei bis sieben Gelegenheiten sein.*
- *Die Verhaltensweise oder Fähigkeit muss vor der Übungsphase genau bzw. sensorisch genau mit VAKO definiert sein.*
- *Die Beobachtung, besonders an sich selbst, muss ohne Wertung und bewusste Veränderungsabsicht stattfinden.*
- *Es ist eine Bewusstseinsschulung und Sensibilisierung (für sich selbst), die ganz locker und ohne Druck stattfinden muss. Man könnte es auch eine Übung in Achtsamkeit nennen.*

Die Veränderung findet dann sozusagen automatisch statt. Das Gehirn schafft von selbst bessere Alternativen, wenn dem „Gesamtsystem", das wir sind, klar wird, dass das beobachtete Verhalten mehr Nachteile als Vorteile hat oder überflüssig ist. Dieses „Feintuning" kann man auch in Bezug auf unliebsame, immer wieder auftretende negative Gefühle, also Gefühlsgewohnheiten, wie Ärger oder Frust anwenden. Auch dort ist es oft sehr effizient. Wichtig ist nur, dass man diese ein bis zwei Wochen Beobachtungszeit auch wirklich nutzt und es nicht vergisst. Deshalb kann man auch nur jeweils ein einzelnes Thema beobachten.

4.2.7 Ohne Ziele und Motivation geht nichts

Der erste Schritt im Coaching-Prozess ist immer die Zielsetzung. Das gilt selbst dann, wenn ein Coachee einen ausgesprochenen Problemfokus „mitbringt". Bevor wir intensiver in das Thema einsteigen, würde ich sogar den Gesprächsfluss des Coachees unterbrechen, um zunächst über das Ziel des Coachings zu sprechen. In Situationen, in denen ich dies vergaß, habe ich das meist später bereut. Dies ist beispielsweise passiert, weil der Kontakt mit dem Coachee von vornherein besonders gut war. Deshalb hatte ich die halbbewusste Vorstellung, dass ich schon weiß, was er will und meint. Das war jedoch meist falsch. Die Situation war zwar gut zu korrigieren. Aber mit einer Zielsetzung zum Start hätten wir einen Umweg stets vermieden.

Der zweite wichtige Punkt zum Start eines Coachings ist die Motivation des Coachees. Eine besonders starke Motivation sich zu verändern ist bei folgenden Themenkreisen ausgesprochen wichtig:

- *lang anhaltende Situationen oder Probleme* – z.B. Kommunikationsprobleme, Unsicherheit, Selbstsabotage, Geldprobleme, Eifersucht;
- *alte Themen* – z.B. Kommunikation mit Familienmitgliedern, fortdauernde Zeit- und Ordnungsprobleme, Dauerstress, grundsätzliche Unzufriedenheit;
- *Themen mit körperlichen Reaktionen* – z.B. Übelkeit, starke Ängste, Phobien oder einfache Süchte wie Rauchen und zu viel Essen.

Coachees sind in der Regel gesunde Persönlichkeiten und haben meist bereits vor dem Coaching versucht ihr Thema zu lösen. Deshalb kann man bei den obigen Themenkreisen oft davon ausgehen, dass sie auf irgendeine Art hartnäckig sind. Aus diesem Grund ist es auch mit sehr guten Veränderungstechniken wie NLP und Wingwave sinnvoll, wenn die Person zur Zeit des Coachings einen akuten Druck oder innigen Wunsch verspürt, die Sache zu verbessern oder komplett zu lösen. Ob dies tatsächlich der Fall ist, versuche ich mit dem Coachee oft schon vor dem ersten persönlichen Treffen herauszufinden. Dazu bitte ich die Person, sich bis zum ersten Termin über ihre Motivation klar zu werden. Dazu bekommt sie die S/L-Prinzip-Fragen (siehe Kapitel 3) für die eigene Motivation:

1. *„Was habe ich bisher noch davon (an Lustgewinn), dass ich dieses Problem/Thema habe?"*

....

2. *„Welchen »Schmerz« vermeide ich dadurch, dass ich dieses Problem/Thema habe?"*

....

3. *„Was werde ich davon (an Lustgewinn) haben, wenn ich dieses Problem/Thema löse?"*

....

4. *„Welchen »Schmerz« vermeide ich, wenn ich dieses Problem/Thema löse?"*

....

Diese Fragen klären die Motivation und stärken sie gleichzeitig. Falls die Motivation nach der Beantwortung der Fragen noch nicht stark genug ist, lässt sie sich verstärken. Dazu betrachtet man die Antworten auf Frage 1 und 2 und versucht andere Wege zu finden als das Problemverhalten, um den Lustgewinn und/oder die Schmerzvermeidung zu erreichen.

4.3 NLP-Strukturen für das Business-Coaching

Nach dem NLP-Hintergrundwissen und den kleinen Tools geht es nun um größere und komplexere NLP-Werkzeuge und Abläufe, die sich im Business-Coaching gut bewährt haben.

4.3.1 Die Schritte der Veränderung

Manchmal klappen Veränderungsarbeiten mit NLP nicht, nicht gut genug oder sie halten nicht dauerhaft an. So kommt es beispielsweise, dass ein entwöhnter Raucher wieder zu rauchen beginnt oder schlechte Gewohnheiten wie zu viel Fernsehen, Arbeiten, Internetsurfen, Schokolade essen, Streiten etc. sich wieder einschleichen. Oder Ängste verschwinden einfach nicht und gewünschte Disziplin stellt sich doch nicht ein. In solchen Situationen kann man die Schritte der Veränderung als Checkliste nutzen, um herauszufinden, was man zusätzlich verbessern muss, um die vom Coachee gewünschte Veränderung zu erreichen.

Die Schritte der Veränderung können auch als Metaebene zu jeder Veränderungsarbeit mit NLP und mit anderen Methoden verstanden werden. Alle NLP-Techniken enthalten bereits einen oder mehrere Punkte der Schritte der Veränderung. Die nicht vorhandenen Elemente kann man anhand der sechs Schritte analysieren und bearbeiten. Die bereits vorhandenen Elemente werden von der verwendeten NLP-Technik abgedeckt. Um die Sicherheit zu erhöhen, dass das gewünschte neue Verhalten, Erleben oder die Fähigkeit im Leben auch tatsächlich zuverlässig umgesetzt wird, sind diese nachfolgenden sechs Schritte sehr hilfreich:

1. **Definition der gewünschten Veränderung**
2. **Schaffen der Motivation**
3. **Unterbrechen des bisherigen Verhaltensmusters**
4. **Entwickeln einer neuen Alternative**
5. **Konditionieren der neuen Alternative**
6. **Testen der Veränderung**

4.3.1.1 Definieren Sie die gewünschte Veränderung

Bevor wir mit einer Veränderungsarbeit beginnen, müssen wir genau wissen, was wir verändern wollen und welches Ziel der Coachee erreichen möchte. Je präziser und spezifischer wir diesen Schritt ausführen, desto klarer können wir auf die gewünschte Veränderung zusteuern und erkennen, ob und wann wir sie erreicht haben. Deshalb bearbeitet man zu Beginn des Veränderungs-Coachings mit dem Coachee die entsprechenden Punkte der wohlformulierten Zielsetzung:

- *„Was genau wollen Sie verändern?“ (Bitte die positive Formulierung beachten.)*
- *„Wer muss sich wem gegenüber, wann, wo, wie verhalten, um das Ziel zu erreichen?“*
- *„Was werden Sie erleben (sehen, hören, fühlen, riechen und schmecken), wenn Sie das Ziel erreicht haben?“*

Viele Menschen haben große Mühe, sich das Ziel einer Veränderung genau vorzustellen, deshalb ist dieser erste der sechs Schritte so nützlich und klärend. Je klarer man sich die Resultate vorstellen kann, desto einfacher sind sie auch zu erreichen.

4.3.1.2 Schaffen Sie die Motivation zur Veränderung

Dieser Schritt ist wahrscheinlich der wichtigste im Prozess der Veränderung und es ist der Schritt, der leider zu wenig beachtet wird. Um uns zu verändern, müssen wir in erster Linie auch stark motiviert sein, diese Änderung durchzuführen. Viele Menschen sind nur teilweise an einer Veränderung interessiert und werden daher auch nur wenig Veränderung oder keine erreichen. Um wirklich motiviert zu sein, die Veränderung auch durchzuführen, müssen Sie ganz klar wissen und spüren, dass diese Veränderung jetzt sein muss. Sie müssen an den Punkt gelangen, an dem Sie absolut genug haben vom jetzigen Zustand. Um diesen Zustand zu erreichen, kann man dem Coachee folgende Fragen stellen:

- *„Warum müssen Sie sich verändern?“*
- *„Was werden Sie alles verpassen, vermissen und verlieren, wenn Sie sich nicht ändern?“*
- *„Welchen Lustgewinn werden Sie haben, wenn Sie sich tatsächlich verändern? Und welchem Schmerz werden Sie entgehen, wenn Sie sich verändern?“*

Wichtig ist, dass der Coachee die Fragen nicht nur rein intellektuell beantwortet, sondern dass er oder sie auch fühlt, was diese Antworten eigentlich bedeuten. Es reicht also nicht zu sagen: „Ich werde unzufrieden sein“, sondern man muss spüren, wie unerträglich deprimierend sich dieser „Frust“ anfühlt.

Das Prinzip von Schmerz und Lustgewinn vollzieht sich nämlich vor allem auf der gefühlsmäßigen Ebene. Intellektuelle Überlegungen setzen diese Grundmotivation noch nicht in Kraft, sondern es sind unsere Gefühle, die diese Impulse auslösen. Um sich wirklich verändern zu können, muss der Coachee deshalb zu den folgenden drei Überzeugungen gelangen:

- *„Es muss sich ändern!“*
- *„Ich muss es ändern!“*
- *„Und ich kann es ändern!“*

4.3.1.3 Unterbrechen Sie das limitierende Verhaltensmuster

An bisherige Verhaltensweisen hat man sich gewöhnt, sie sind einem vertraut. Und viele Aspekte dieses Verhaltens laufen automatisch ab, sodass sie schwer zu erkennen sind. Deshalb ist es oft wichtig, das bisherige Verhalten zu unterbrechen, bevor der Coachee ein neues Verhalten entwickeln kann. Dazu muss das Muster zu Beginn oder während es abläuft unterbrochen werden und nicht erst hinterher kritisiert werden. Wenn ein negatives Verhalten zum Beispiel im Aufschieben von wichtigen Arbeiten besteht, dann besitzt die Person ganz spezifische Muster, wie dieses Verschieben abläuft. Es macht keinen Sinn sich abzulenken von der Hauptaufgabe und sich danach zu kritisieren und schlecht zu fühlen, weil man es wieder einmal gemacht hat. Der Coachee muss den Moment erwischen, in dem er anfängt sich mit anderen, weniger wichtigen Punkten zu beschäftigen und in diesem Moment das Verhaltensmuster unterbrechen. Es gibt viele Möglichkeiten, das zu tun. Hier sind einige Beispiele:

1. Verändern der Physiologie

Wenn wir unseren Körper, unsere Physiologie deutlich ändern, unterbrechen wir damit auch das bisherige Verhaltensmuster: *Wenn man sitzt kann man aufspringen, tief atmen und sich ausschütteln und dann mit der „richtigen" Arbeit weitermachen. Besteht das Ablenken in bewegten Aktivitäten, kann man abrupt stehen bleiben, die Augen schließen und lachen und dann wie gewünscht weitermachen.* Das bringt das alte Muster durcheinander und man kann sich Neuem zuwenden.

2. Unerwartete Reaktion

Wenn man etwas wirklich Unerwartetes tut, etwas Verrücktes, dann wird das ebenfalls das Verhaltensmuster unterbrechen: *Man kann sich selbst laut oder innerlich zurufen: „Stopp, lass das!!! Tu, was du wirklich willst!"*

3. Aus dem Rahmen treten

Man tritt aus der Situation heraus und betrachtet sie von außen. Dazu stellt man sich z.B. die Frage: „Was ist eigentlich gut, komisch und lustig an dieser Situation?" Auf diese Weise können Sie das alte Verhaltensmuster erfolgreich unterbrechen und so Platz für etwas Neues schaffen.

4.3.1.4 Schaffen Sie eine Alternative

Nachdem Sie Ihr bisheriges limitierendes Verhalten unterbrochen haben, ist es an der Zeit, eine neue Verhaltensalternative zu schaffen. Was wäre folglich ein besseres Verhalten in einer solchen Situation in der Zukunft? Die meisten NLP-Veränderungstechniken bearbeiten diesen Punkt sehr gekonnt. Oft ergibt sich das neue Verhalten ganz natürlich aus der veränderten Situation heraus.

Wenn die neue Verhaltensalternative jedoch zu schwach erscheint, lohnt es sich aber, diese genauer auszuarbeiten. Dabei ist es wichtig, dass das neue Verhalten die sekundären Gewinne des alten Verhaltens sehr gut befriedigt: *Wenn jemand zum Beispiel die Ablenkung von der Hauptaufgabe unter anderem brauchte, um sich körperlich wohlzufühlen, muss das neue Verhalten dieses Ergebnis ebenfalls liefern. So kann man also kurze gezielte körperliche Übungen einbauen, während der Arbeit Musik hören oder viel Wasser trinken, um sich möglichst wohl bei seiner Hauptaufgabe zu fühlen. Dieses Wohlgefühl motiviert dann zu weiterem „Dranbleiben".*

4.3.1.5 Konditionieren Sie dieses neue Verhalten, bis es „sitzt"

Wenn Sie das neue, gewünschte Verhalten definiert und für sich erschaffen haben, dann müssen Sie es nur noch so lange konditionieren, bis es „sitzt". Damit ist gemeint, dass der Coachee die Situation in der Realität oder in seiner Vorstellung so lange übt, bis das neue Verhalten ganz automatisch in der Situation auftritt, in der zuvor das alte Verhaltensmuster ausgelöst worden ist. Man muss also beispielsweise das neue Verhalten *„Dranbleiben an der Hauptaufgabe"* so lange bewusst üben, bis es automatisch geworden ist.

4.3.1.6 Testen Sie die Veränderung

Der letzte Schritt besteht im Testen der Veränderung. Dazu muss der Coachee das neue Verhalten beobachten und gemeinsam mit dem Coach einen Kontrolltermin festlegen. Bei dieser Gelegenheit wird beurteilt, ob das neue Verhalten schon zur Zufriedenheit des Coachee gelingt. Falls dies noch nicht der Fall ist, werden die offenen Punkte nochmals bearbeitet. Dabei dienen die Schritte der Veränderung wiederum als Checkliste, um herauszufinden, was verbessert werden muss. Sind es die Zielsetzungen, die Motivation, das Unterbrechen des alten Verhaltens, die Wirksamkeit des neuen Verhaltens oder die Konditionierung des Neuen?

4.3.2 Juchuuh, ein (Lebensqualitäts-)Test!

Dieser Test passt sehr gut zum Beginn eines Coachings, um die Verbesserungsthemen umfassend festzulegen. Im Verlauf der Zusammenarbeit und am Schluss des Coachings kann man ihn als Messinstrument für dessen Gesamterfolg heranziehen.

Der Test berührt sämtliche Lebensbereiche eines Menschen. Man kann die Fragen aber auch als Team oder für ein Team beantworten.

4.3.2.1 Emotionale Zufriedenheit

In diesem Bereich geht es um Ihr emotionales Grundgefühl. Wie gut, zufrieden und glücklich fühlen Sie sich (meist) in Ihrem Leben? Gibt es zahlreiche Dinge, die Ihnen Spaß machen? Wann haben Sie sich das letzte Mal so richtig gefreut? Welche persönliche Stimmung ist in Ihrem Alltag vorherrschend? – Beantworten Sie nun die nachfolgenden Fragen – offen und ehrlich:

Bewertung

Wichtigkeit

Wie wichtig ist Ihnen Erfolg in diesem Lebensbereich?
(4=sehr wichtig; 3=wichtig; 2=es geht so; 1=unwichtig) ☐

Ist-Zustand

Beurteilen Sie auf einer Skala von 1 bis 10
Ihren jetzigen Zustand in diesem Bereich? ☐
(10=total erfolgreich und zufrieden;
5=so lala; 1=absolut unzufrieden)

Aktionen

Welche Aktionen bzw. Möglichkeiten kennen Sie schon, von denen Sie wissen, dass sie Ihre Verfassung und Ihren Zustand in diesem Bereich steigern helfen? Notieren Sie sich mindestens drei verschiedene Aktionen:

1. ....
2. ....
3. ....

Zielsetzung

In welchem Zustand – bezogen auf diesen Bereich – möchten Sie in drei Monaten sein?

Welchen Zustand möchten Sie langfristig in diesem Bereich erreichen (in 5, 10 und 20 Jahren)?

4.3.2.2 Körperliche Vitalität

In diesem Bereich geht es um Ihren körperlichen Zustand. Wie fit und gesund sind Sie? Ist Ihr Körper eine Quelle der Lust für Sie? Verfügen Sie über die Vitalität und die Energie, um Ihr Leben wirklich zu gestalten und zu genießen? Wie gehen Sie mit Ihrem Körper um? Sorgen Sie gut für Ihren Körper?

Bewertung

Wichtigkeit

Wie wichtig ist Ihnen Erfolg in diesem Lebensbereich?
(4=sehr wichtig; 3=wichtig; 2=es geht so; 1=unwichtig)

Ist-Zustand

Beurteilen Sie auf einer Skala von 1 bis 10 Ihren jetzigen Zustand in diesem Bereich? (10=total erfolgreich und zufrieden; 5=so lala; 1=absolut unzufrieden)

Aktionen

Welche Aktionen bzw. Möglichkeiten kennen Sie schon, von denen Sie wissen, dass sie Ihre Verfassung und Ihren Zustand in diesem Bereich steigern helfen? Notieren Sie sich mindestens drei verschiedene Aktionen:

1. ....
2. ....
3. ....

Zielsetzung

In welchem Zustand – bezogen auf diesen Bereich – möchten Sie in drei Monaten sein?

Welchen Zustand möchten Sie langfristig in diesem Bereich erreichen (in 5, 10 und 20 Jahren)?

4.3.2.3 Mentale Fitness

Dieser Bereich beschäftigt sich mit Ihren mentalen und intellektuellen Fähigkeiten und Zuständen. Wie zufrieden sind Sie mit Ihrem Wissen und Ihren intellektuellen Fähigkeiten sowie Ihrem geistigen Horizont? Wann haben Sie das letzte interessante Buch gelesen? Was würden Sie noch gerne lernen? Verfolgen Sie die Ereignisse um Sie herum mit Interesse?

Bewertung

Wichtigkeit

Wie wichtig ist Ihnen Erfolg in diesem Lebensbereich? (4=sehr wichtig; 3=wichtig; 2=es geht so; 1=unwichtig) ☐

Ist-Zustand

Beurteilen Sie auf einer Skala von 1 bis 10 Ihren jetzigen Zustand in diesem Bereich? (10=total erfolgreich und zufrieden; 5=so lala; 1=absolut unzufrieden) ☐

Aktionen

Welche Aktionen bzw. Möglichkeiten kennen Sie schon, von denen Sie wissen, dass sie Ihre Verfassung und Ihren Zustand in diesem Bereich steigern helfen? Notieren Sie sich mindestens drei verschiedene Aktionen:

1. ....
2. ....
3. ....

Zielsetzung

In welchem Zustand – bezogen auf diesen Bereich – möchten Sie in drei Monaten sein? ☐

Welchen Zustand möchten Sie langfristig in diesem Bereich erreichen (in 5, 10 und 20 Jahren)? ☐

4.3.2.4 Karrierezufriedenheit

Wie sieht es mit Ihrer beruflichen Perspektive aus? Sind Sie zufrieden mit dem, was Sie bis jetzt erreicht haben? Verfügen Sie über klare Ziele und wissen Sie, wie Sie diese erreichen können? Was wollen Sie als Nächstes erreichen? Sind Sie zufrieden mit all dem?

Bewertung

Wichtigkeit

Wie wichtig ist Ihnen Erfolg in diesem Lebensbereich? (4=sehr wichtig; 3=wichtig; 2=es geht so; 1=unwichtig)

Ist-Zustand

Beurteilen Sie auf einer Skala von 1 bis 10 Ihren jetzigen Zustand in diesem Bereich? (10=total erfolgreich und zufrieden; 5=so lala; 1=absolut unzufrieden)

Aktionen

Welche Aktionen bzw. Möglichkeiten kennen Sie schon, von denen Sie wissen, dass sie Ihre Verfassung und Ihren Zustand in diesem Bereich steigern helfen? Notieren Sie sich mindestens drei verschiedene Aktionen:

1. ....
2. ....
3. ....

Zielsetzung

In welchem Zustand – bezogen auf diesen Bereich – möchten Sie in drei Monaten sein?

Welchen Zustand möchten Sie langfristig in diesem Bereich erreichen (in 5, 10 und 20 Jahren)?

4.3.2.5 Familie/enge Beziehungen

Wie sieht es in Ihrem persönlichen Umfeld aus? Haben Sie zu Ihren Nächsten die Intimität und das Vertrauen, das Sie sich wünschen? Können Sie mit Ihrem Partner (Ihrer Familie) wirklich sprechen? Werden Sie geliebt und können Sie Ihre Liebe ausdrücken? Wie gut ist Ihre Beziehung zu Ihren Nächsten?

Bewertung

Wichtigkeit

Wie wichtig ist Ihnen Erfolg in diesem Lebensbereich? (4=sehr wichtig; 3=wichtig; 2=es geht so; 1=unwichtig)

Ist-Zustand

Beurteilen Sie auf einer Skala von 1 bis 10 Ihren jetzigen Zustand in diesem Bereich? (10=total erfolgreich und zufrieden; 5=so lala; 1=absolut unzufrieden)

Aktionen

Welche Aktionen bzw. Möglichkeiten kennen Sie schon, von denen Sie wissen, dass sie Ihre Verfassung und Ihren Zustand in diesem Bereich steigern helfen? Notieren Sie sich mindestens drei verschiedene Aktionen:

1. ....
2. ....
3. ....

Zielsetzung

In welchem Zustand – bezogen auf diesen Bereich – möchten Sie in drei Monaten sein?

Welchen Zustand möchten Sie langfristig in diesem Bereich erreichen (in 5, 10 und 20 Jahren)?

4.3.2.6 Finanzielle Sicherheit/Freiheit

Wie beurteilen Sie Ihre finanzielle Situation? Sind Sie mit dem finanziell und materiell Erreichten zufrieden? Welche langfristige Perspektive haben Sie in Bezug auf Ihre Finanzen? Wie oft erleben Sie finanzielle Engpässe? Haben Sie alles, was Sie sich wünschen?

Bewertung

Wichtigkeit

Wie wichtig ist Ihnen Erfolg in diesem Lebensbereich? (4=sehr wichtig; 3=wichtig; 2=es geht so; 1=unwichtig)

Ist-Zustand

Beurteilen Sie auf einer Skala von 1 bis 10 Ihren jetzigen Zustand in diesem Bereich? (10=total erfolgreich und zufrieden; 5=so lala; 1=absolut unzufrieden)

Aktionen

Welche Aktionen bzw. Möglichkeiten kennen Sie schon, von denen Sie wissen, dass sie Ihre Verfassung und Ihren Zustand in diesem Bereich steigern helfen? Notieren Sie sich mindestens drei verschiedene Aktionen:

1. ....
2. ....
3. ....

Zielsetzung

In welchem Zustand – bezogen auf diesen Bereich – möchten Sie in drei Monaten sein? [ ]

Welchen Zustand möchten Sie langfristig in diesem Bereich erreichen (in 5, 10 und 20 Jahren)? [ ]

4.3.2.7 Soziale Eingebundenheit

Dieser Bereich beschäftigt sich mit Ihrem Umgang in Ihrer sozialen Gruppe. Sind Sie mit Ihren sozialen Kontaktfähigkeiten zufrieden? Fällt es Ihnen leicht, in Ihrer Umgebung konstruktive und bedeutsame Kontakte zu pflegen? Wie beurteilen Sie Ihren Freundeskreis? Lieben Sie den Kontakt zu Ihren Mitmenschen? Wie kommen Sie mit Ihren Kollegen, Vorgesetzten und Mitarbeitern aus?

Bewertung

Wichtigkeit

Wie wichtig ist Ihnen Erfolg in diesem Lebensbereich? (4=sehr wichtig; 3=wichtig; 2=es geht so; 1=unwichtig) [ ]

Ist-Zustand

Beurteilen Sie auf einer Skala von 1 bis 10 Ihren jetzigen Zustand in diesem Bereich? (10=total erfolgreich und zufrieden; 5=so lala; 1=absolut unzufrieden) [ ]

Aktionen

Welche Aktionen bzw. Möglichkeiten kennen Sie schon, von denen Sie wissen, dass sie Ihre Verfassung und Ihren Zustand in diesem Bereich steigern helfen? Notieren Sie sich mindestens drei verschiedene Aktionen:

1. ....
2. ....
3. ....

Zielsetzung

In welchem Zustand – bezogen auf diesen Bereich – möchten Sie in drei Monaten sein?

Welchen Zustand möchten Sie langfristig in diesem Bereich erreichen (in 5, 10 und 20 Jahren)?

4.3.2.8 Beitrag zum Wohle des Ganzen

Hier geht es darum, wie sehr Sie von der Gelegenheit Gebrauch machen, durch Ihr Leben und Ihren Einsatz einen Beitrag zum Ganzen zu leisten. Was tun Sie, um aus dieser Welt eine (etwas) bessere zu machen? Was könnten Sie tun? Sind Sie sich bewusst, dass Sie einen wichtigen Beitrag zum Erfolg des Ganzen leisten können? Wie zufrieden sind Sie in diesem Bereich?

Bewertung

Wichtigkeit

Wie wichtig ist Ihnen Erfolg in diesem Lebensbereich? (4=sehr wichtig; 3=wichtig; 2=es geht so; 1=unwichtig)

Ist-Zustand

Beurteilen Sie auf einer Skala von 1 bis 10 Ihren jetzigen Zustand in diesem Bereich? (10=total erfolgreich und zufrieden; 5=so lala; 1=absolut unzufrieden)

Aktionen

Welche Aktionen bzw. Möglichkeiten kennen Sie schon, von denen Sie wissen, dass sie Ihre Verfassung und Ihren Zustand in diesem Bereich steigern helfen? Notieren Sie sich mindestens drei verschiedene Aktionen:

1. ....
2. ....
3. ....

Zielsetzung

In welchem Zustand – bezogen auf diesen Bereich – möchten Sie in drei Monaten sein?

Welchen Zustand möchten Sie langfristig in diesem Bereich erreichen (in 5, 10 und 20 Jahren)?

4.3.2.9 Spirituelle Zuversicht

Was bedeutet Spiritualität oder Religion in Ihrem Leben? Erleben Sie sich als Teil eines größeren Ganzen? Was tun Sie, um sich selbst und die Wahrheit zu erkennen? Leben Sie im Einklang mit der Schöpfung? Hat Ihr Leben einen tieferen oder höheren Sinn?

Bewertung

Wichtigkeit

Wie wichtig ist Ihnen Erfolg in diesem Lebensbereich?
(4=sehr wichtig; 3=wichtig; 2=es geht so; 1=unwichtig)

Ist-Zustand

Beurteilen Sie auf einer Skala von 1 bis 10 Ihren jetzigen Zustand in diesem Bereich? (10=total erfolgreich und zufrieden; 5=so lala; 1=absolut unzufrieden)

Aktionen

Welche Aktionen bzw. Möglichkeiten kennen Sie schon, von denen Sie wissen, dass sie Ihre Verfassung und Ihren Zustand in diesem Bereich steigern helfen? Notieren Sie sich mindestens drei verschiedene Aktionen:

1. ....
2. ....
3. ....

Zielsetzung

In welchem Zustand – bezogen auf diesen Bereich – möchten Sie in drei Monaten sein?

Welchen Zustand möchten Sie langfristig in diesem Bereich erreichen (in 5, 10 und 20 Jahren)?

4.3.2.10 Test-Auswertung

Bitte übertragen Sie die Werte von den vorhergehenden Seiten

Der Lebensqualitätswert:

Bereich	(a) Wichtigkeit	(b) Ist-Zustand	Produkt = (a) x (b)
Emotionale Zufreidenheit			
Körperliche Vitalität			
Mentale Fitness			
Karrierezufriedenheit			
Familie/Beziehungen			
Finanzielle Sicherheit			
Soziale Eingebundenheit			
Beitrag zum Wohle des Ganzen			
Spirituelle Zuversicht			
Total			

$$\text{Lebensqualitätswert} = \frac{\text{Total Produkt}}{\text{Total Wichtigkeit}}$$

Die meisten Menschen haben in den verschiedenen Bereichen des Tests Werte zwischen sechs und neun. Dies motiviert sie dann dazu, sich ein oder gar mehrere Ziele in den jeweiligen Bereichen zu setzen. Diese Ziele sind, wenn sie mit einem Coach abgesprochen werden, natürlich auch erreichbar, weil der Coach die grundsätzliche Erreichbarkeit überprüft. Dadurch ist der Test eine einfache und gut funktionierende Unterstützung der eigenen Motivation. Es bietet sich deshalb auch an, ihn ca. einmal im Jahr oder in noch größeren Abständen zu wiederholen. Dabei freut man sich dann meist über die bisher erreichten Ziele und die eigene Weiterentwicklung.

Manchmal bewertet jemand seine Situation im Ist-Zustand in einem oder wenigen Bereichen des Testes sehr schlecht (5 oder weniger). Dies geschieht in der Regel, wenn die Person eine akute Lebenskrise durchläuft. Dazu zählen z.B. schwere Krankheit, Verlust des Arbeitsplatzes, Verlust nahe stehender Personen oder sehr starke Finanzprobleme.

4.3.3 Die Sinnpyramide mit den logischen Ebenen

Die logischen Ebenen als Sinnpyramide sind enorm wertvoll, wenn es im Business-Coaching um einzelne Personen oder persönliche Themen geht. Gewinnbringend einsetzen kann man sie beispielsweise bei folgenden Themenstellungen:

- Standortbestimmung in entscheidenden Lebenssituationen (Ausbildungsabschluss, neue berufliche Position, Berufs- oder Ortswechsel, Heirat, Familienplanung, Geburt der Kinder, Arbeitsverlust, geschäftliche oder private Krisen, Trennung, Planung des Ruhestandes etc.);
- langfristige Perspektiven entwickeln;
- ganzheitlich Ziele setzen;
- Motivation für die Zukunft schaffen;
- Konflikte aufdecken und lösen.

Nachfolgend finden Sie ein interessantes Beispiel für die Lebensplanung eines jungen Ehepaares aus der Sicht des Mannes. Die Möglichkeiten und damit auch die Ablenkungen des Lebens sind heute für Männer und Frauen sehr groß. Daher halte ich die bewusste Beschäftigung mit und Planung des gemeinsamen Lebens für eine sehr stabilisierende Angelegenheit.

Meine/unsere Lebensplanung

Vision: *„Wir sind ein erfolgreiches »Familienunternehmen«.*

Identität:

- *„Wir sind erfolgsorientiert und ehrgeizig im Beruf, suchen aber die optimalen Karrierestufen, um unser »Familienunternehmen« zu leiten."*
- *„Wir sind als Team offen in unserem Denken und Handeln und entwickeln uns gemeinsam, aber auch persönlich weiter."*
- *„Wir sind ein Team mit Zielen vor Augen."*
- *„Wir pflegen eine offene Kommunikation."*

Werte:

1. *Harmonie, Liebe*
2. *Vitalität*
3. *Kommunikation*
4. *Selbstverwirklichung*
5. *Erfolg*
6. *Anerkennung*
7. *Sicherheit*
8. *Spaß, Abenteuer*

Glaubenssätze:
- *Die Familie ist ein Unternehmen.*
- *Zufriedenheit macht erfolgreich.*
- *Karriere ist eine Gratwanderung.*
- *Steile Karriere ist ein Familienkiller.*
- *Zu viel Arbeit reduziert die Lebensqualität.*
- *Kinder machen das Leben vielfältiger aber komplizierter.*
- *Familie kostet Geld.*
- *Familie und beruflicher Erfolg lassen sich vereinbaren.*
- *Selbstverwirklichung macht zufrieden.*
- *Wo ein Wille ist, ist auch ein Weg.*

Strategische Ziele:
- *Jahresbudget in fünf Jahren: 150.000 bis 200.000 Euro;*
- *Abteilungsleiter mit 40;*
- *Lebensqualität erhöhen, Arbeitspensum reduzieren – er: 80 Prozent, sie: je nach Familiensituation zwischen 0 bis 80 Prozent (Start: ab dem ersten Kind);*
- *2008 das erste Kind, ein zweites ist noch ungewiss;*
- *bis 2010 ein eigenes Haus;*
- *2006 Start mit meinem BWL-Nachdiplomstudium.*

Operative Ziele:
- *Bis zum Ablauf meiner Probezeit habe ich eine gesunde Beziehung zu meinem Team, Teamleiter, Leiter Engineering und Montage aufgebaut;*
- *bis 1.1.2005 in neue Wohnung eingezogen;*
- *ab Mai 2005 spiele ich wieder einmal pro Woche Tennis;*

Fähigkeiten:
- *führen,*
- *zuhören und wahrnehmen,*
- *umsetzen,*
- *planen,*
- *organisieren,*
- *sich einsetzen.*

Tätigkeiten:
- *CAD zeichnen,*
- *Arbeit verteilen,*
- *planen,*
- *diskutieren,*
- *sportlich betätigen.*

Zum Glück und verdientermaßen haben die geplanten Ziele bisher bestens geklappt bei den heute dreien.

4.3.4 Die Veränderungstechniken im Coaching

Die klassischen NLP-Veränderungstechniken sind nach wie vor gute, praktische Hilfsmittel zur Veränderungsarbeit im Coaching. Außerdem sind sie als gedankliche Checklisten zur Einordnung eines Themas oder Problems sehr nützlich. Gleichwohl sei hier kurz erwähnt, da es bereits viele gute Literatur über sie gibt und deren präzise Beschreibung den Rahmen dieses Buches sprengen würde. Deshalb folgt nun eine kurze Aufzählung der Modelle, die ich im Coaching gebrauche – mit Stichworten zu ihren Anwendungsbereichen:

- **Penetrance-Modell –** ***Zielsetzungen; Wahrnehmungsraster zum Erkennen des Genauigkeitsgrades, mit dem der Coachee über seine Themen nachdenkt;***
- **New Behaviour Generator –** ***Zielsetzungen; Wahrnehmungsraster; Wie genau plant der Coachee?***
- **Swish + Radiertechnik –** ***schnelle Veränderung eines negativen, inneren Erlebens;***
- **6-Step-Reframing –** ***bei „hartnäckigem" negativem Verhalten/Erleben/Krankheit;***
- **Verhandlungsmodell –** ***bei inneren Widersprüchen; inkonsequentem Verhalten; Unzufriedenheit mit dem eigenen Verhalten;***
- **Phobie-Technik –** ***bei Phobien; starken negativen Gefühlen.***

Andere Modelle verwende ich kaum, da im Coaching gegenüber dem therapeutischen Rahmen die Themen noch viel stärker ziel- und zukunfts- als problem- und vergangenheitsfokussiert sind. Der zweite Grund ist, dass sich die passende NLP-Technik selbst im Kopf des Klienten findet und abspielt, wenn man Wingwave für den Veränderungsprozess nutzt. Dabei hilft die NLP-Technik dem Coach, die Struktur der Veränderungsarbeit zu erkennen, die der Klient gerade durchläuft.

4.3.5 Das Power-Coaching-Programm

Neben der Rolle des Veränderungsexperten hat ein Coach ein weiteres erfreuliches Arbeitsfeld. Er motiviert den Coachee und fordert ihn heraus, in allen Lebensbereichen sein Bestes zu geben. Dies ist sowohl Schwerpunkt als auch Besonderheit des Power-Coaching-Programms. Dieses Programm ist vor allem vor und während beruflicher oder privater Veränderungssituationen bestens geeignet.

Veränderte Lebenssituationen sollen uns Verbesserungen bringen. Dabei ist ein gutes Coaching sehr dienlich. Das Power-Coaching-Programm ist besonders wirksam, weil es gezielt mehrere Kraftquellen nutzt: „Immerwährende Veränderung, Change Management, lebenslanges Lernen" – diese Schlagworte begegnen uns im Berufsleben und manchmal auch privat immer häufiger. Manchmal wird bei all diesen „Changes" jedoch übersehen, dass Veränderungen nur dann sinnvoll sind, wenn sie auch zu Verbesserungen für den Einzelnen führen.

Die Zeit einer beruflichen oder auch privaten Neuorientierung ist eine solche Wandlungsphase. Dieser Prozess bringt für die meisten Betroffenen Verunsicherungen oder gar Krisen mit sich. Um diese Situation auf jeden Fall zu einer Verbesserung zu nutzen, ist eine systematische Beschäftigung mit der eigenen Person, den Fähigkeiten, Erfahrungen, Zukunftsträumen und Zielen äußerst lohnend. Ein erfahrener Coach an der Seite und ein Programm, das die individuellen Themen und Lebensbereiche ordnet und verbessert, sind dann besonders wertvoll. Die übliche Zeitspanne des Power-Coachings beträgt ca. zwei bis drei Monate.

4.3.5.1 Die Elemente des Coaching-Programms ...

... sind:

1. die Erfassung der individuellen Themen und Ziele des Coachees,
2. 12 individuelle Coaching-Stunden verteilt auf drei bis sieben Termine,
3. individuelle „Hausaufgaben" und Übungen für die Zwischenzeit,
4. bei Bedarf telefonischer Austausch,
5. Arbeitsunterlagen zur regelmäßigen Erfolgskontrolle sowie
6. ein Audioprogramm mit 20 Sequenzen zu verschiedenen festgelegten Arbeits- und Problembereichen.

So bleibt der Coachee für einen längeren Zeitraum in Bezug auf seine Veränderungen „ständig am Ball". Selbstverständlich kann er die Dosierung der Coaching-Aktivitäten, je nach Bedarf und Arbeitsbelastung, selbst gestalten. Außerdem ist er höchstens 30 Minuten bis drei Stunden (bei Treffen mit dem Coach) pro Tag mit Coaching-Aktivitäten beschäftigt.

In den persönlichen *Coaching-Treffen* wende ich je nach Situation die verschiedenen Tools und Methoden an, die Sie in diesem Abschnitt des Buches finden. Manchmal braucht der Coachee auch nur einen Zuhörer, damit er beim Sprechen seine Gedanken ordnen kann. Gelegentlich möchte ein Coachee auch meine Tipps und Erfahrungen zu seinen Themen hören. Im Allgemeinen besteht eine Coaching-Sitzung aus folgenden Schritten:

1. *Den Coachee bezüglich seines derzeitigen Standes im Veränderungsprozess befragen, zuhören, gezielt mitreden und mitschreiben. Dies findet, wann immer möglich, bei einem Spaziergang statt.*
2. *Im Coaching-Raum folgt die systematische Erfolgskontrolle anhand der letzten Mitschriften und der Arbeitsblätter zum Audioprogramm.*
3. *Es folgt die Prozessarbeit zu einem vom Coachee gewünschten Veränderungsthema.*
4. *Das Festlegen von zusätzlichen Arbeits- oder Beobachtungsaufgaben bis zum nächsten Treffen ist der nächste Schritt.*
5. *Zum Abschluss jedes Treffens erhält der Coachee weitere Audio-CDs. Es folgt noch die Terminabstimmung.*

4.3.5.2 Themen des Audioprogramms

Die allgemeingültigen *Themen des Audioprogramms* sind für die Coachees, mit unterschiedlichen Gewichtungen, zum größten Teil sehr nützlich und unterstützend. Es sind:

1. körperliche Vitalität;
2. Entfalten der persönlichen Ausstrahlung;
3. erfolgreiche Selbststeuerung;
4. positive Gefühle stärken;
5. die Kraft der Konzentration;
6. schnelle, richtige Entscheidungen treffen;
7. Kommunikationsfähigkeit steigern;
8. Überzeugungskraft erhöhen;
9. Werte und tiefe Überzeugungen als Basis von Erfolg und Misserfolg;
10. kurz-, mittel- und langfristige Zielsetzungen;
11. Besiegen von Selbstsabotage, Sorgen und Unsicherheit;
12. wie können Probleme schnell und effektiv gelöst werden;
13. guter Umgang mit Finanzen;
14. die Kraft erfolgreicher Beziehungen;
15. eine eigene Lebensvision finden.

4.3.5.3 Ein erfolgreiches Beispiel

Der Chef von Frau Berg hatte schon zu Beginn ihrer Tätigkeit, als sie gerade 23 Jahre alt war, gesagt, dass sie in einiger Zeit seine Position übernehmen könne. Sie war hin und hergerissen zwischen der Freude über die positive Einschätzung durch ihren Chef und der Unsicherheit, ob sie dieser Aufgabe in ihrem Alter und mit ihrer eher bescheidenen Erfahrung schon gewachsen sei.

Drei Jahre später suchte sich ihr Chef eine neue berufliche Herausforderung. Deshalb beschloss er, seiner Mitarbeiterin ein Power-Coaching zur Standortbestimmung und zur Verbesserung ihrer Kommunikations- und Führungsfähigkeiten angedeihen zu lassen. Sie steigerte dadurch ihre Gelassenheit und Überzeugungskraft gegenüber Kollegen, die sie bisher aggressiv machten. So kann sie nun ihre berechtigten Sachziele entschieden leichter durchsetzen und hat gleichzeitig einen besseren Kontakt zu den Kollegen gewonnen. Im Zeitraum von zwei Monaten erhielt sie durch die Coaching-Gespräche und die kontinuierliche Unterstützung durch die Audiotapes stets neue Verhaltenstipps wie auch Gelegenheit zu deren Umsetzung. Die Standortbestimmung – auf der Basis ihrer Verhaltensweisen und inneren Einstellungen – ergab zudem, dass sie als Führungskraft außerordentlich gut geeignet ist. ... Sie leitet heute erfolgreich ein mittelständisches Unternehmen ...

4.3.5.4 Warum das Power-Coaching-Programm (fast) immer so sicher wirkt

Das „Powervolle" an dieser Art des Coachings ist erfahrungsgemäß, dass der Coachee für eine gewisse Zeit (etwa zwei bis drei Monate) konzentriert und kontinuierlich mehrere „Kraftquellen" zur Verbesserung ganz bestimmter Punkte seines Lebens einsetzt:

- Die erste Kraftquelle sind der Coachee selbst, seine Konzentration auf die Themen und seine bisher meist erfolgreiche Lebenserfahrung.
- Die zweite Kraftquelle sind das Wissen und die vom Audioprogramm ausgehend vermittelte Motivationskraft.
- Die dritte Kraftquelle sind die Zuwendung, Erfahrung, Aufmerksamkeit und das angewandte Veränderungs-Know-how des Coaches.
- Die vierte Kraftquelle sind die Übungen und Umsetzungen im Alltagsleben.
- Die fünfte Kraftquelle ist die kontinuierliche, über längere, wenn auch begrenzte Zeit erfolgende Konzentration auf einige exakt definierte Probleme und Ziele.

Das Power-Coaching-Programm weckt, aktiviert und lenkt das ohnehin vorhandene Potential des Coachees dadurch in die gewünschte Richtung. Blockaden werden dabei ebenfalls „aus dem Weg geräumt". Erfreulicherweise werden die gewünschten Ziele und Ergebnisse (fast) immer erreicht.

4.4 Nützliche Weiterentwicklungen des NLP im Coaching

4.4.1 NAC

Anthony Robbins war einer der ersten NLP-Trainer, der die Methoden und Erkenntnisse weg vom therapeutischen Umfeld hin zum Einsatz im Beruf und für den (Lebens-)Erfolg weiterentwickelt hat. Deshalb bilden seine Themen Zustandsmanagement, Durchbrechen eigener einschränkender Gewohnheiten, Zielsetzung für den Beruf und das gesamte Leben sowie erfolgreiche Kommunikation im beruflichen Alltag wichtige Grundlagen des Business-NLP. Das Kürzel NAC steht für „Neuroassociative Conditioning".

4.4.2 Aufstellungsarbeit

Diese Methode wurde von Bert Hellinger entwickelt und kann eine Ergänzung im Coaching sein. Dabei stellt man alle Beteiligten einer problematischen Situation, in die der Coachee verwickelt ist, nach den von Hellinger definierten Regeln auf: Der Coachee positioniert Personen, Figuren, Steinchen oder was man gerade findet, so im Raum oder auf einem Tisch, wie er die Beziehungen zueinander erlebt. Diese Personen oder stellvertretenden Gegenstände können näher oder weiter entfernt zueinander aufgestellt werden, sich zu- oder abwenden und so weiter. Nachdem der Coachee die Grundaufstellung gemacht hat, stellt der Coach gezielte Fragen, die die bestehende Situation klären und auflösen helfen.

Die Wirkung der hier sehr verkürzt dargestellten Methode ist verblüffend stark und löst, ähnlich wie die folgenden Methoden, auch hartnäckige emotionale Probleme oft auf.

4.4.3 Wingwave-Coaching

... ist eine ausgezeichnete, schnell und elegant wirkende Weiterentwicklung und Ergänzung des Business-Coaching mit NLP von Cora Besser-Siegmund und Harry Siegmund. „Der Flügelschlag eines Schmetterlings kann auf der anderen Seite der Welt das Wetter ändern. Genauso bewirkt Wingwave mit einer so kleinen Intervention, wie durch Winken erzeugte Augenbewegungen, erstaunlich schnelle und positive Bewegungen in der inneren Welt eines Menschen."

Wingwave-Coaching besteht aus einer Kombination von bilateralen Gehirn-Hemisphärenstimulationen, NLP und Kinesiologie. Emotionale Blockaden und Vorbehalte, wie Wut über Kollegen und Vorgesetzte, Stress aufgrund von Abhängigkeiten bei der Zusammenarbeit, schlechte Durchsetzungsfähigkeit gegenüber Mitarbeitern und vieles mehr verschwinden in kürzester Zeit (ein bis drei Sitzungen). Zudem muss der Coachee dabei wenig von den oft unangenehmen oder schmerzlichen Details preisgeben. Das erleichtert und beschleunigt den Veränderungsprozess sehr.

Wingwave wird auch zum Ressourcen-Coaching eingesetzt. Kreativität, Selbstbewusstsein, Auftrittssicherheit und Leistungsvermögen werden schnell, spürbar und nachhaltig beflügelt.

4.4.4 The Journey

Diese wertvolle Methode ist im Business-Coaching zwar eher eine Randerscheinung, da sie besonders für gesundheitliche Probleme und tiefe emotionale Schwierigkeiten entwickelt wurde. Allerdings ist der Arbeitsprozess, der von Brandon Bays entwickelt wurde, so gut nach NLP-Kriterien strukturiert, dass er sich sehr einfach anwenden lässt. Außerdem führt der Prozess den Coachee in einen außergewöhnlich feinen und kraftvollen Ressourcenzustand. Von dort lassen sich viele Probleme lösen.

4.5 Zusammenfassung des vierten Kapitels

Dieses Kapitel beginnt mit einer Beschreibung einiger Coaching-Fälle, die die Vielfalt der möglichen Themen andeuten. Danach geht es um NLP-Elemente und Hintergrundwissen als hervorragende und aus meiner Sicht nahezu unerlässliche Basis für Coaches. Der nächste Schritt beschreibt NLP-Strukturen und -Vorgehensweisen, die im Business-Coaching sehr hilfreich sind. Die letzten zwei Seiten dieses Abschnitts bieten eine kurze Übersicht über ergänzende und verwandte Methoden, die in bestimmten Coaching-Situationen angebracht sind.

5. Success-Factor-Modeling™*

*Von Robert Dilts***

Die Entdeckung der Erfolgsfaktoren in einer sich entwickelnden Wirtschaft

5.1 Eine Welt in Veränderung

In den letzten Jahren haben soziale, industrielle und ökonomische Entwicklungen in der Geschäftswelt eine Revolution hervorgebracht. Dabei geht es um die Art und Weise, wie alte und neue Organisationen funktionieren müssen. Sich beschleunigende Veränderungen der Technologien und eine Explosion im Gebrauch des Internets haben zur Etablierung einer sich entwickelnden Ökonomie geführt. Sie ist charakterisiert durch E-Business, virtuelle Teams und einen globalen Marktplatz. Der technologische Fortschritt treibt die bestehenden Rahmenbedingungen kontinuierlich vorwärts. Dies kreiert für neue Unternehmungen beides, Möglichkeiten und Herausforderungen. Und traditionelle Firmen zwingt es, sich anzupassen.

Wir haben einen dramatischen Anstieg der Geschwindigkeit von Veränderungen und der Herausforderung von Reaktionen erlebt. Als Ergebnis der „Internet-Zeit" oder der „Web-Geschwindigkeit" passieren Veränderungen, die einmal Jahre brauchten, nun regelmäßig in nur Monaten. Die schnelle technische Veränderung hat auch den Druck auf den Einzelnen und Organisationen vergrößert, „zu lernen zu lernen", um mit den ständigen Fortschritten mitzuhalten.

Periodische ökonomische Fluktuationen haben zusätzliche Herausforderungen für Unternehmen hervorgebracht, bei dem Versuch Veränderungen zu bewältigen, die es erfordern, mehr mit weniger Ressourcen zu erreichen. Firmen vertrauen mehr und mehr auf strategische Allianzen und „Outsourcing", um Schlüsselaspekte ihres Geschäfts auszuführen. Daraus resultierend sind die Grenzen zwischen synergetischen Unternehmen flexibler geworden. Dies führt zur Vorstellung von „erweiterten Organisationen". Diese Vorstellung wiederum hat dafür gesorgt, dass sich die Betonung

** Übersetzung aus dem Amerikanischen: Johann B. Garnitschnig und Manuela Brinkmann des Aufbaus von Beziehungen und Allianzen verstärkt hat. Das ruft schließlich nach der Fähigkeit, effektive „Win-Win"-Partnerschaften herzustellen.

So gestaltete schnelle technische, soziale und ökonomische Veränderungen haben für Individuen und Unternehmen eine steigende Forderung bewirkt, geschwind und innovativ zu reagieren, damit sie mit neuen Entwicklungen Schritt halten, Ressourcen effizienter einsetzen und den Fortschritt vor der Konkurrenz halten können.

Sie kennen die Aussage: „Wenn Sie immer tun, was Sie immer getan haben, bekommen Sie, was Sie immer bekommen haben." Eine Implikation dieser Aussage ist, wenn Sie etwas anderes erhalten möchten, müssen Sie Veränderungen vorantreiben. Gleichwohl ist es ebenfalls wichtig zu erkennen, dass in einer sich verändernden Welt, zu tun was man früher tat, einem nicht einmal die Resultate bringt, die man damals erreichte. Wenn Unternehmen versuchen auf die Art, die vor 20 Jahren erfolgreich war, zu funktionieren, werden sie heute nicht mehr erfolgreich sein.

Dies wirft Fragen auf: „Wie halten wir in einer sich schnell verändernden Welt mit?" „Wie finden wir die Erfolgsformeln für die heutige Wirtschaft?"

Menschen und Organisationen müssen lernen die Vielfalt zu lieben und Innovation zu fördern, um in der sich schnell verändernden, globalen Ökonomie zu überleben und erfolgreich zu sein.

Success Factor Modeling™ wurde entwickelt als Antwort auf die Bedürfnisse, die sich durch eine ansteigend komplexe und sich schnell verändernde Umgebung, aufdrängen.

5.2 Success Factor Modeling™

Das Modeling von Erfolgs-Faktoren™ (SFM™) wurde vom Autor (Robert Dilts) und seinem Bruder John Dilts als Methode entwickelt. Damit können die entscheidenden Faktoren identifiziert und in das eigene Handeln transferiert werden, die das Wachstum und den Einfluss von Einzelpersonen, Teams und Organisationen fördern. Diese sind so bestmöglich vorbereitet, Möglichkeiten zu kreieren, wahrzunehmen und Vorteil daraus zu ziehen, wenn sie auftauchen.

Success Factor Modeling™ stellt die Frage: „Was ist der Unterschied, der den Unterschied ausmacht, zwischen erfolgreichen Personen, Teams und Organisationen und solchen, die es nicht schaffen oder nur eine durchschnittliche Leistungsebene erreichen?" Erfolgreiche Unternehmen, Projekte und Initiativen werden untersucht und das Verhalten von High-Performance-Teams und Personen wird beobachtet. Dadurch hilft SFM™ Menschen und Organisationen, die Faktoren zu quantifizieren, die ihre Erfolgsgeschichte hervorgebracht haben, und die Trends zu identifizieren, die notwendig sind, um diese Geschichte in die Zukunft fortzuschreiben. Diese Faktoren können dann in die täglichen Aktivitäten der Menschen „eingebaut" werden, indem man das herausfindet und erweitert, was sie bereits erfolgreich tun.

SFM™ basiert auf Prinzipien und Unterscheidungen, die hervorragend geeignet sind, um entscheidende Muster von Geschäftspraktiken und Verhaltensfertigkeiten zu analysieren und zu bestimmen, die von erfolgreichen Einzelpersonen, Teams und Organisationen angewendet werden. Der SFM™-Prozess wird genutzt, um die entscheidenden Erfolgs-Faktoren erfolgreicher Unternehmer, Teams und Führungskräfte zu bestimmen und die spezifischen Modelle, Werkzeuge und Fähigkeiten zu definieren, die jeder verwenden kann, um die eigenen Chancen deutlich zu steigern, die eigene Wirkung zu erhöhen und Erfolge zu erreichen.

Eine der Stärken des SFM™-Prozesses ist die Integration wirkungsvoller Geschäftspraktiken mit Schlüsselfertigkeiten des Verhaltens. Benoit Sarazin, ehemaliger Marketing Manager der Communications Solutions Services Division von Agilent Technologies betont: „Es gibt so viele Methoden für wirkungsvolle Geschäftspraktiken. In einer Bibliothek oder einem Buchladen findet man eine Unzahl von Sachbüchern, wie man Geschäftspläne oder Marketing-Strategien entwickelt, wie man sein geistiges Eigentum schützt usw. Aber man findet keine Methoden für Verhaltensfertigkeiten. Das ist es, was SFM™ so einzigartig macht."

Success-Faktor-Modeling™ befasst sich mit unterschiedlichen Ebenen von Verhaltens-Faktoren, die mit Erfolg zu tun haben:

- Umgebungsfaktoren legen die äußeren Chancen oder Einschränkungen fest, die Einzelne und Organisationen erkennen und auf die sie reagieren müssen. Dies beinhaltet die Überlegung, wo und wann Erfolg eintritt.
- Verhaltensfaktoren sind die spezifischen Handlungsschritte, die zum Erfolg führen. Sie beinhalten, was genau man tun oder erreichen muss, um erfolgreich zu sein.
- Fähigkeiten betreffen die mentalen Landkarten, Pläne oder Strategien, die zum Erfolg führen. Sie sind ausschlaggebend dafür, wie Handlungsweisen ausgewählt und überwacht werden.
- Glaubenssätze und Werte liefern die Verstärkung, die bestimmte Fähigkeiten und Handlungen fördern oder hemmen. Sie beziehen sich darauf, warum ein bestimmter Pfad eingeschlagen wird und welche tieferen Motivationen Menschen dazu bringen, auf eine bestimmte Weise zu handeln oder auf ihrem Tun zu beharren.
- Identitätsfaktoren betreffen das Empfinden von Menschen für ihre Rolle oder Mission. Diese Faktoren beeinflussen, als was ein Mensch oder eine Gruppe sich wahrnimmt.
- Vision und Bestimmung beziehen sich darauf, wie Menschen das größere System wahrnehmen, dem sie angehören. Diese Faktoren sagen etwas darüber aus, für wen oder für was ein bestimmter Handlungsschritt unternommen wurde (den Zweck).

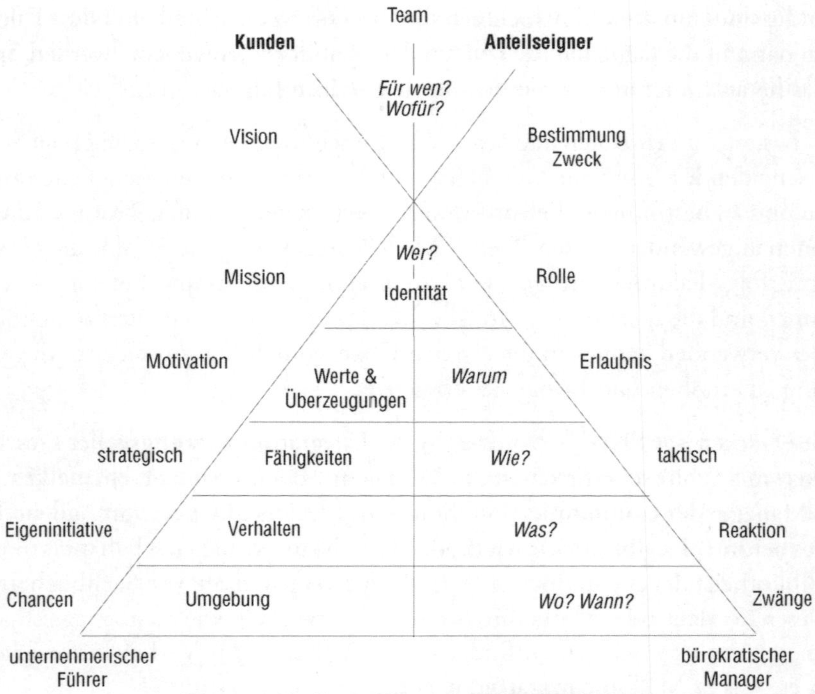

Die verschiedenen Ebenen von Erfolgsfaktoren

5.2.1 Die kreative Vision

Während zwar alle Ebenen von Erfolgsfaktoren wichtig sind, ist die Vision eine der herausragendsten. Dies gilt besonders für die „Vision", dass unser Leben oder unsere Welt in einer Weise bereichert oder verbessert werden könnte. Solche Visionen von der Zukunft sorgen oft für Führung und Richtung in unserem Leben und unserer Arbeit. Sie statten uns mit Motivation und Schwung für Veränderungen auf vielen Ebenen aus.

In diesem Sinne hat Vision mit der Fähigkeit zu tun, sich langfristige Möglichkeiten auf verschiedenen Ebenen von Aktivitäten und Erfahrungen vorzustellen. Die kraftvollsten Visionen entstammen der Empfindung, ein Teil von etwas Größerem als man selbst zu sein. Sie beziehen sich auf unsere Wahrnehmung von einem Sinn, einer Mission und einer Berufung. Solche Visionen beziehen sich auf Fragen, für wen und für was existieren und handeln wir auf dieser Welt? Ein Mensch kann eine Vision für sich selbst, für seine Familie, Organisation, Gemeinde, unseren Planeten oder unser Universum haben.

Dieser Typ von Vision ist anders als eine spezielle Vorstellung, ein Bild oder ein Ziel. Eine „Vision" erfasst eher einen allgemeinen Sinn für Richtung als ein genaues Ziel. Es ist eine Reflektion unserer tiefsten Motivation und Werte. Es beinhaltet die Fähigkeit, über den engen Raum des „hier und jetzt" hinauszublicken und sich zukünftige Szenarien auszumalen. Es bezieht außerdem das Vermögen mit ein, längerfristige Ziele zu setzen und darauf fokussiert zu bleiben und die eigenen Ambitionen klar zu definieren, mit Langfristplänen und einem ganzheitlichen Blick.

In den Worten des Silicon Valley-Unternehmers Steve Artim (CEO von DoOn-Go.com) ausgedrückt:

Ich bin überzeugt, eine Vision ist absolut notwendig für ein junges Start-up-Unternehmen. Man muss einen Stab nehmen und ihn in den Boden der Zukunft treiben. Und Sie müssen als Leiter einer Firma alles tun, was in Ihrer Macht steht, um Ihre Ingenieure, Ihre Verkäufer, Ihre Marketingleute und Ihre Finanzleute anzutreiben, das zu verwirklichen. Ohne das gibt es keinen Unterschied zwischen Ihnen und anderen großen Unternehmen, die rausgehen können und die gleiche Sache machen – und ehrlich gesagt, sie können es wahrscheinlich. Aber Sie sind vollkommen darauf fokussiert, als ein Team, als eine Einheit, loszugehen und es zu erreichen.

Steve Artims Beschreibung von „einem Stab in den Boden der Zukunft" impliziert, dass es eine klare Qualität der Fokussierung in einer unternehmerischen Vision gibt. Seine Kommentare zeigen auf, dass die Vision des Unternehmers von der Zukunft zu einem Brennpunkt für alle Aktivitäten des Unternehmers und seines oder ihres Teams wird. Wie Steve erklärt:

Für ein Start-up-Unternehmen brauchen Sie viele Partnerschaften, um sich vorwärts zu bewegen. Man benötigt eine Menge Fähigkeiten, um hineinzugehen und einige Probleme für seine Hauptkunden sehr, sehr gut zu lösen. Und die Auswahl des Kunden ist entscheidend, um Ihre Firma vorwärts in den Trend zu drängen.

Zusätzlich zum Vorwärtsfokus gibt es auch eine laterale Dimension der unternehmerischen Vision. Es ist eine Art „peripherer Vision/Vorstellung", die wie ein Radarsensor funktioniert, der fortlaufende Einflüsse in der gegenwärtigen Umgebung aufnimmt. Wie Steve es beschreibt:

Sie müssen vollkommen kundenorientiert sein. Sie müssen jederzeit nach außen blicken. Sie müssen vollständig alles verstehen, was passiert. Es gibt große Mitspieler im Markt, die Dinge bewegen, aber es gibt auch eine Menge kleiner Mitspieler, die unter dem Radarschirm sind, die gerade beginnen auf dem Radar aufzutauchen. Sie müssen verstehen, was Sie tun, wie Sie finanziert werden und was Ihre strategischen Hintergründe sind, um wirklich zu verstehen und um für Ihre Firma das Beste zu tun.

Beide Dimensionen der Vision – Weitsicht und periphere Sicht – sind für einen Unternehmer notwendig, um Unsicherheit und Veränderung wirksam zu handhaben und auf einem erfolgreichen Aktionskurs zu bleiben.

Eine weitere Dimension der Vision hat damit zu tun, wohin sie gerichtet wird. Die Visionen erfolgreicher Unternehmen entstehen häufig als Ergebnis aus einem vorgängigen, starken Verständnis der Kundenbedürfnisse. Letzteres nennen wir die „zweite Position" mit den potenziellen Kunden (die Fähigkeit, sich in sie hineinzuversetzen und ihre gefühlten und latenten Bedürfnisse zu verstehen). Der erfolgreiche Unternehmer Mark Fizpatrick (Gründer von Tidal Wave Technologies) stellt dazu fest:

Unsere Vision war darauf zentriert, was unser Kunde wo braucht. Und wir wussten, es gab den Bedarf nach einem bestimmten Produkt. Dann wendeten wir unseren Blick diesem Bedürfnis zu. Wir nutzten eine Menge Kundenfeedback, um die Vorstellung ständig anzupassen, weil wir wussten, dass das Produkt ohne einen gefesselten Empfänger wertlos wäre und wir unsere Zeit verschwendeten.

Ich bin sicher es gibt Leute, die brillant genug sind über das, was der Kunde glaubt, dass er es braucht, hinauszuschauen. Aber wir waren das sicherlich nicht. Unser Gefühl war, dass, wenn wir mit dem Kunden zusammenarbeiten, wir die bestmögliche Lösung für sie erreichen würden. Sie hatten Probleme, die Lösungen brauchten. Und wir schauten nicht wirklich über den gegenwärtigen Moment hinaus. Wir sahen ein Bedürfnis, der Kunde hatte einen Bedarf und wir taten nur unser Bestes, um das zu erfüllen.

Typischerweise wird eine starke Technologie allein eine Firma, langfristig gesehen, nicht erfolgreich machen. Die Entwicklung eines soliden Verständnisses der zukünftigen Herausforderungen, die einer Start-Up-Firma begegnen, wird den Erfolg eines neuen Unternehmens viel wahrscheinlicher bestimmen. So sind mehrere Formen von Visionen notwendig, um in der Lage zu sein, so zu navigieren, dass man sich dem globalen Markt anpassen, Kundenbedürfnisse befriedigen, Veränderungen voraussehen und Anpassungen vornehmen und Wettbewerber vorausahnen kann.

Zusammenfassung:
- Die Vision legt den langfristig zu verfolgenden Kurs fest: Worauf zielen Sie langfristig für sich selbst, für Ihre Kunden und als Anteilseigner ab?
- Die Vision führt dazu, Herausforderungen zu bestehen, was zum Wettbewerbsvorteil wird.
- Die Vision definiert klar das Endziel, aber inspiriert zu Kreativität beim Wie des Erreichens.
- Die Vision erzeugt extreme Widersprüche zwischen Ressourcen und Ambitionen.
- Die Vision lässt die Zukunft Gegenwart werden.

5.2.2 Die Meta-Leadership-Fähigkeiten

Erfolgreiche Unternehmer haben ihren Einfluss nicht einfach, weil sie „Bosse" oder „Kommandeure" sind. Vielmehr sind erfolgreiche Unternehmer Menschen, die eine Vision haben und sich verpflichtet fühlen, „eine Welt zu kreieren, zu der Menschen (gerne) gehören möchten". Und sie können die Herausforderung bewältigen, eine Infrastruktur, Umgebung und die nötige Kultur zu kreieren, um die Vision in kurzer Zeit zu erreichen. Dies verlangt eine besondere Gabe an Qualitäten und Fähigkeiten.

Gemäß der Aussage von David Guo, früherer CEO der Display Research Laboratories und mehrfacher Unternehmer, gilt: „Ein erfolgreicher Unternehmer muss in der Lage sein, seine Vision zu kommunizieren und Menschen und ihre Motivation zu verstehen." Diese Fähigkeiten sind essentielle Eigenschaften von „Meta-Leadership". Meta-Leadership bedeutet, „andere Führungskräfte zu führen". Um in einem dynamischen Umfeld erfolgreich zu sein, müssen Unternehmer mit anderen Führungspersönlichkeiten zusammenarbeiten, die proaktiv sind und bereit, Verantwortung zu übernehmen und aktiv zu werden. Ein Unternehmer hat keine Zeit dazu, anderen ständig zu sagen, was sie tun sollen.

Guo fährt fort: „Meine wichtigste Regel ist es, immer Leute zu bekommen, die besser sind als ich. Wen immer Sie engagieren, stellen Sie sicher, dass sie besser sind als Sie." Dies kann natürlich eine echte Herausforderung sein. Guo weist darauf hin, dass er oft das jüngste Teammitglied ist. Daher hat er nicht das Gefühl, dass er ihr „Boss" oder Kommandeur" sein kann. „Ich respektiere mein Team", sagt er. „Sie haben in vielen Dingen jede Menge mehr Erfahrung als ich. Deshalb habe ich sie in meinem Team. Sie wissen besser, was ich brauche, als ich. Sie müssen nicht zu mir kommen und um Erlaubnis für Dinge bitten. Meine Rolle als die Führung der Firma ist es, die notwendigen Ressourcen zur Verfügung zu stellen, damit sie die beste Arbeit leisten können."

Guo stellt fest: „Das Ziel des Leaders ist es zu verstehen, was Menschen motiviert, und das wirksam einzusetzen und ihnen nicht nur einen Weg zu zeigen." Er hebt hervor, dass man Führungskräfte nicht zwingen kann, die notwendigen Dinge zu tun. Sie müssen sie vielmehr dazu bringen, dass sie bei Ihrer Vision mitmachen wollen, und Sie müssen sich selbst fragen: „Was motiviert sie?" Diese Frage zu beantworten verlangt nach der Verhaltensfähigkeit, bei Schlüsselpersonen die „zweite Position" einzunehmen, um sie und was sie motiviert zu verstehen. Die zweite Position einzunehmen bedeutet die Fähigkeit, in Bezug auf eine spezifische Situation in die Sichtweise oder Perspektive einer anderen Person einzutreten. Es bezieht einen Perspektivenwechsel mit ein und die Situation so zu sehen, als wäre man ein anderes Individuum – „in seiner oder ihrer Haut stecken" oder „einen Kilometer in seinen oder ihren Schuhen gehen", „ auf der anderen Seite des Schreibtisches zu sitzen" etc. Dies ist eine entscheidende Fertigkeit, um ein erfolgreiches Produkt, eine Firma oder ein Team zu kreieren.

Um zum Beispiel einen Marketingplan zu entwickeln, müssen Sie sich in die Schuhe der potentiellen Kunden stellen. Um einen Finanzplan zu machen und Kapital aufzubringen, muss ein Unternehmer in der Lage sein die Perspektive des Investors einzunehmen. Um ein effektives Team aufzubauen und zu motivieren, muss die Führungskraft fähig sein, die Situation mit den Augen der Teammitarbeiter zu sehen. Um starke Allianzen und Beziehungen aufzubauen, muss der Unternehmer die Sichtweise möglicher Partner einnehmen.

5.2.3 Der SFM-Kreis des Erfolges™

Unsere Interviews und Beobachtungen erfolgreicher Unternehmer und Unternehmensführer führten zur Formulierung des SFM-Kreis des Erfolges™. Wir fanden heraus, dass die Gründer erfolgreicher Start-up-Unternehmen den Fokus ihrer Aufmerksamkeit gleichmäßig auf fünf fundamentale Perspektiven richten: 1) auf sich selbst und ihre Vision, 2) ihre Kunden und Produkte, 3) ihre Investoren und Anteilseigner, 4) ihre strategischen Partner und Allianzen und 5) ihre Teammitglieder und Angestellten.

Um als neues Unternehmen zu überleben und zu gedeihen, brauchen effektive Unternehmer mehr als ein gutes Produkt oder eine Dienstleistung, die für potentielle Kunden attraktiv ist. Sie brauchen auch ausreichende Unterstützung durch die Teammit-

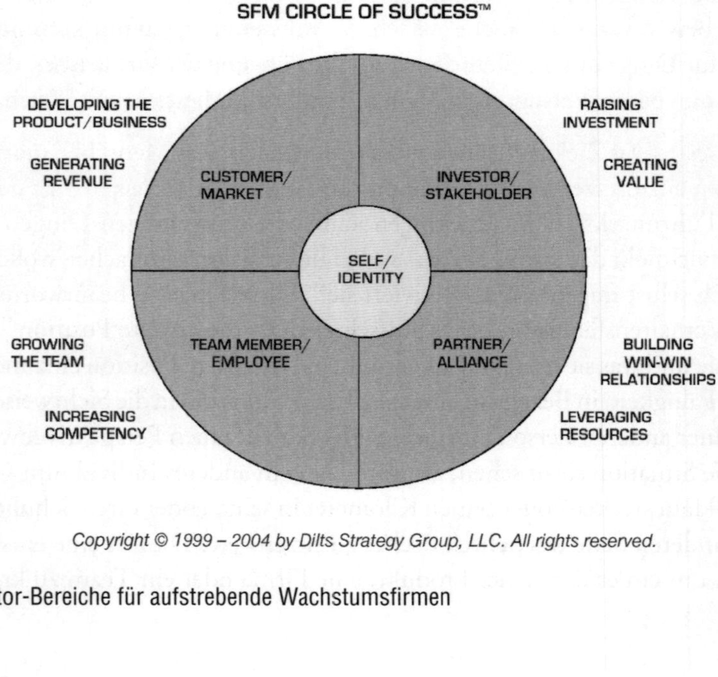

Erfolgs-Faktor-Bereiche für aufstrebende Wachstumsfirmen

glieder, Investoren, Partner und strategischen Beziehungen. So sagte ein erfolgreicher Unternehmer: „Sie müssen jeden Tag mit jedem (Angestellten, Investor, Kunden und Partner) arbeiten, um die Vision zu verwirklichen."

Entsprechend dieses SFM-Kreises des Erfolges™ müssen Unternehmer, die effektiv sein wollen, ihre Zeit zwischen verschiedenen Faktoren gut ausbalancieren:

1. ihre Vision für das Unternehmen entwickeln, sich dazu verpflichten und sie kommunizieren;
2. ihre Produkte und Geschäfte entwickeln und ausreichende Einkünfte erwirtschaften, um ihr Unternehmen abzusichern;
3. ein Team kompetenter und engagierter Mitarbeiter aufbauen und deren Kompetenz erweitern, wenn das Geschäft sich entwickelt;
4. strategische Partnerschaften und Beziehungen für die Geschäftsentwicklung aufbauen, um Zugang zu benötigten Ressourcen zu erhalten;
5. Finanzmittel beschaffen, um die Firma zu stützen, bis die Umsätze kommen – danach Wertsteigerung für die Anteilseigner erzeugen.

5.2.4 Fertig, feuern, zielen

Sich durch die verschiedenen Elemente des Erfolgskreises zu navigieren kann eine echte Herausforderung sein. Ein weiterer wesentlicher Erfolgsfaktor für neu entstehende Wachstumsfirmen ist die Fähigkeit, Feedback aus einer Anzahl verschiedener Quellen zu eruieren und darauf zu reagieren. Viele Unternehmer sprechen über die Notwendigkeit der *Fertig-feuern-zielen*-Strategie, um eine aufstrebende Technologie-Wachstumsfirma aufzubauen. Bei dieser Strategie versucht der Unternehmer dem Kunden so schnell wie möglich etwas anzubieten, Feedback zu bekommen, Veränderungen vorzunehmen und wieder zurück zum Kunden. Es funktioniert ein wenig wie eine Lenkwaffe. Dies ist ein Entwicklungszyklus, der fortwährend wiederholt wird. Das Konzept dahinter ist, „schnell zu lernen und zu verändern und die Veränderung zu managen". Wie David Guo erklärt: „Unsere Strategie verändert sich alle fünf Minuten. Unsere Vision und unser Ziel haben sich nicht geändert, aber die Strategie verändert sich jedes Mal, wenn es neue Informationen gibt."

Don Pickens (Gründer von Urban Design Online, Inc., ehemaliger Vizepräsident und General Manager der Connectix Corporation und Produkt Manager der Gruppe bei Microsoft Corporation für die Macintosh Office Produkte) stellte fest: „Wenn es beim ersten Mal nicht klappt, mache es ein zweites Mal und ein drittes Mal. In vielen Fällen funktioniert eine Sache erst beim dritten Versuch. Das macht nichts. Das Problem ist nur, dass, wenn zuerst etwas schief läuft, Ihnen eine Menge Leute sagen: ‚Sie haben es falsch gemacht und sollten etwas anderes machen.' Das Schwierige ist, herauszufinden, welcher Teil gut war und was Sie aus den Fehlern lernen können. Als wir die Connectix QuickCam entwickelten waren wir die Einzigen, die mit unseren Kunden sprachen. Unser Produkt der nächsten Generation war danach zwei Produktgenerationen vor allen anderen."

Pickens Empfehlung ist, dass es für Unternehmer notwendig ist, „fokussiert zu bleiben und zu verstehen, dass sich die eigene Vision von denen anderer unterscheidet, die sich dieselbe Landkarte anschauen". Er fügt hinzu, „dass ein Unternehmer per Definition eine Vision hat, die über das hinausgeht, mit dem die Leute momentan vertraut sind und sich wohlfühlen." Deshalb ist es wichtig für einen Unternehmer, seiner Vision zu vertrauen und mit anderen zusammenzuarbeiten, die ebenfalls diese Vision teilen. Gemäß Pickens „muss man die Leute erkennen und mit ihnen arbeiten, die willens sind, mit einem voranzugehen, weil der Rest einen zurückhalten würde".

In einer dynamischen und unsicheren Welt von aufsteigenden Wachstumsfirmen ist das Etablieren von Schlüsselbeziehungen ein weiterer wichtiger Erfolgsfaktor, impliziert Pickens. In der Tat ist es häufig bei der Bewertung eines Unternehmens genauso wichtig, wen man kennt und mit wem man Beziehungen hat, wie die Technologie. Für erfolgreiche Unternehmen im Silicon Valley geht es nicht darum, wer das „größere Stück vom Kuchen" bekommt, sondern vielmehr darum, wie man den „gesamten Kuchen" durch synergetische Beziehungen und Kooperationen vergrößert. Wie beim Internet ist der Schlüssel zum Erfolg die Verbindungsfähigkeit. Erfolgreiche Unternehmer sind in der Lage zu sagen: „Dies ist meine Zukunft, können Sie dazu beitragen?" und dann zu fragen: „Was ist Ihre Vision, zu der ich beitragen kann?"

Diese geistige Haltung kreiert die Möglichkeit für einen weiteren Schlüssel-Erfolgsfaktor, den wir „generative Zusammenarbeit" nennen.

5.2.5 Generative Zusammenarbeit

„Kollaboration" meint wörtlich, zusammen zu arbeiten. Es gibt viele Arten, wie Menschen zusammenarbeiten und ‚kollaborieren'. Einige sind effektiver als andere. Tatsächlich könnte Gruppenleistung in diese drei Typen kategorisiert werden:

1. In einem Team mit *unterdurchschnittlicher* Leistung sind die Ergebnisse der Gruppe als Ganzes *geringer*, als wenn die Mitglieder einzeln arbeiten würden.
2. In einem *durchschnittlichen* Team leistet die Gruppe ungefähr *gleich viel*, wie wenn die Mitglieder unabhängig arbeiten würden.
3. In einem *Hochleistungs-Team* sind die Ergebnisse der Gruppe weit *größer*, als wenn die Mitglieder alleine gearbeitet hätten. Das ist das Ergebnis von generativer Zusammenarbeit.

Man kann sagen, dass einem Team oder einer Gruppe mit *unterdurchschnittlicher Leistung* die Fähigkeit zu generativer Zusammenarbeit fehlt. Nicht nur die Einzelnen versagen bei der Zusammenarbeit, sondern die Interaktionen behindern die Fähigkeit, die Einzelaufgaben effektiv zu lösen (eine Art „degenerativer Zusammenarbeit" oder „Negativsummen"-Interaktion).

Einer durchschnittlichen Gruppe kann man ein Basislevel an Zusammenarbeit zusprechen. Dies bezieht sich auf eine Gruppe von Personen, die gemeinsam an einem festgelegten Ziel arbeiten. Diese Basis-Zusammenarbeit erfordert einen gewissen Rapport untereinander, effektive Kommunikation und Aufgabenbewältigung in Abstimmung mit anderen Partnern oder Gruppenmitgliedern. Das Ziel der Basis-Zusammenarbeit ist, dass die Menschen das tun, was von ihnen erwartet wird, um Ergebnisse zu erzielen, die der Summe der Einzelbeiträge entsprechen. Diese Basis-Zusammenarbeit erfordert die Fähigkeiten der Gruppenmitglieder, sich wechselseitig als Vorbild, Coach oder Lehrer zu unterstützen.

Bei der generativen Zusammenarbeit arbeiten die Menschen zusammen, um etwas Neues oder Überraschendes zu schaffen, das jenseits der Fähigkeiten jedes einzelnen Gruppenmitgliedes ist. Durch generative Zusammenarbeit können Einzelpersonen ihre Fähigkeiten voll ausschöpfen und dabei Ressourcen entdecken und anwenden, von denen sie vorher noch nicht wussten. Sie locken Ideen und Ressourcen wechselseitig hervor. Damit ist die Leistung oder das Ergebnis als Ganzes viel *größer*, als wenn die Personen jeder für sich gearbeitet hätten.

In einer kürzlich stattgefundenen Diskussion mit einem der Autoren beklagte sich der Berater einer großen Telekommunikations-Firma darüber, dass diese für die Entwicklung eines neuen Produktes ein Team von 600 Personen zusammengestellt hatte. Es stellte sich heraus, dass ein Wettbewerber mit einem Team von nur 20 Personen dasselbe Produkt in kürzerer Zeit mit besserer Qualität herstellen konnte. Der Unterschied war das, was wir „generative Zusammenarbeit" nennen. 600 Personen in einem Kontext der Basis-Zusammenarbeit können nicht 20 Personen schlagen, die unter den Bedingungen der generativen Zusammenarbeit arbeiten.

Generative Zusammenarbeit ist eine Funktion von Personen, die sich wechselseitig unterstützen und neue Wege einschlagen, um etwas noch nie Dagewesenes zu schaffen. Das erfordert, dass die Gruppenmitglieder gemeinsame Fähigkeiten teilen, wie Vision, mannigfache Perspektiven und das Vermögen, ein „Beziehungsfeld" zu schaffen. Dies umfasst die Fähigkeit der Gruppenmitglieder, sich als Mentoren, Förderer und „Erwecker" zu unterstützen. Generative Zusammenarbeit führt häufig zur Entwicklung eines Teamgeistes oder einer „Schwarm-Intelligenz", in der sich das Wissen und Know-how der einzelnen Personen verbinden, um eine größere kollektive Intelligenz und Kreativität zu bilden, die ohne die anderen Partner oder Gruppenmitglieder unmöglich wäre.

Eine gute Metapher für diesen Aspekt generativer Zusammenarbeit ist die Verbindung zweier Wasserstoffatome und eines Sauerstoffatoms. Das Ergebnis ist etwas wahrhaft Erstaunliches. Man erhält Wasser: etwas, das weder Sauerstoff noch Wasserstoff ist – etwas, das die Basis allen Lebens bildet. Dennoch muss Sauerstoff ganz Sauerstoff und Wasserstoff ganz Wasserstoff bleiben, damit Wasser entsteht. Um es mit den Worten des Philosophen Ken Wilber zu sagen: „Die neue Beziehung, die durch die Entstehung von Wasser ausgedrückt wird, enthält die einzelnen Einheiten, aus denen es besteht, und geht darüber hinaus und bildet damit etwas, was beides enthält und gleichzeitig etwas völlig Neues ist."

Ein wichtiges Wirkprinzip hierbei ist, dass sowohl die Individualität als auch die persönlichen Interessen und Leidenschaften der Einzelpersonen nötig für generative Zusammenarbeit sind. Es wird manchmal gesagt, dass es in einem Team kein „Ich" mehr gibt. Vielleicht trifft das auf die Basis-Zusammenarbeit zu, jedoch nicht auf die generative Zusammenarbeit. Um Letztere zu erreichen, müssen die Menschen fest im Zentrum ihres Erfolgskreises verwurzelt sein – in sich selbst – und leidenschaftlich wünschen, ihre Vision Wirklichkeit werden zu lassen. Wenn Menschen ihre eigenen Interessen dem Wohl des Teams opfern, verliert das Team seine Leidenschaft, Kreativität und Energie. Und all diese Elemente sind wichtig, um ein „größeres Kuchenstück" zu schaffen. Somit können wir mit Sicherheit sagen, dass es im Team ein „Me" (mich/mir) gibt, selbst wenn es wortwörtlich kein „Ich" im Team gibt. Und im Englischen ist es ohne die Buchstaben „m" und „e" (me) unmöglich, ein Team zu haben.

Zur Verdeutlichung: Im Modus der Basis-Zusammenarbeit kommt eine Gruppe von sechs oder sieben Personen zusammen, erreicht einen Konsens über ein Projekt und arbeitet zusammen, um das Projektziel zu erreichen. Wendet man generative Zusammenarbeit an, würde die Gruppe von sechs oder sieben Personen mindestens sechs oder sieben Projekte produzieren und zusätzlich verschiedene Synergien zwischen den Projekten erzielen.

Eine gute Metapher zum Verständnis der Dynamik generativer Zusammenarbeit ist die Wechselwirkung von Luftblasen. In dieser Analogie steht eine Blase für eine spezielle Vision oder Idee. Bei der Basis-Zusammenarbeit arbeiten alle Partner oder Gruppenmitglieder daran, eine große Blase zu erzeugen. Mit generativer Zusammenarbeit würde jedes Gruppenmitglied seine eigenen Blasen erzeugen und diese dann mit den Blasen der anderen Gruppenmitglieder zusammenfügen.

Ähnlich wie Blasen, die sich zu einem größeren Ganzen zusammensetzen, bezieht generative Zusammenarbeit die Integration gegensätzlicher Visionen und Ideen mit ein.

Viele erfolgreiche Entwicklungen und Errungenschaften unserer modernen Welt sind nicht das Ergebnis der Vision einer Einzelperson, sondern eher das Ergebnis der Kombination vielfältiger Visionen und Ideen. Die Entstehung des Erfolgs-Faktor-Modellierens ist ein gutes Beispiel dafür. SFM entstand als Ergebnis der Integration von Robert Dilts Visionen und Ideen zur Entwicklung von Verhaltens-Fähigkeiten und den Visionen und Ideen des Autors John Dilts zum Coaching und Unterstützen neuer Unternehmen.

Auch die Entstehung des Internets ist ein weiteres gutes Beispiel. Das Internet hatte seinen Ursprung 1969 im Arpanet, einem Projekt des US-Verteidigungsministeriums zur Entwicklung einer Netzwerkarchitektur für militärische Anwendungen und als eine Möglichkeit, wirtschaftlich das Maximum aus den sehr begrenzten Groß-Computer-Ressourcen herauszubekommen. Universitäten, Forschungslabore und Waffen-Lieferanten entdeckten schnell das Potential des Internet als Medium der Kommunikation zwischen „Menschen" und schufen ständig wachsende Verlinkungen. In den 80ern und frühen 90ern wurden immer mehr Teile des ehemaligen Regierungsnetzwerks an große Telekommunikations-Unternehmen verkauft, bis die Grobstruktur des Internet-Netzwerkes komplett kommerzialisiert war. Ab 1994 entdeckten auch private Nutzer das Internet, angezogen vom Hypertext und von Multimedia-Anwendungen des www. Heute ist das weltumspannende Internet für Menschen rund um den Planeten zur wichtigsten vereinenden Kommunikationstechnologie geworden.

Jedoch, so sagte einer der Entwickler von Arpanet, „hatte damals niemand die Vision des *Internet.* Was sich bis heute entwickelt hat, konnte sich zu der Zeit niemand vorstellen."

Das Ergebnis generativer Zusammenarbeit ist eine einzigartige kollektive Vision!

Der Unternehmer Don Pickens bestätigt das, wenn er behauptet: „Visionäre Führung heißt nicht nur, eine Vision zu haben, es ist das Zusammenweben dieser Vision mit anderen Visionen."

5.2.6 SFM Success Factor Matrix™

Zusammengefasst: Ein erfolgreicher Unternehmer muss die Verhaltensfähigkeiten besitzen, eine klare Vision zu definieren und auszudrücken, die Leute und den Weg zu identifizieren, wodurch die Vision umgesetzt werden kann, und ständig Feedback zu suchen und darauf zu reagieren. Diese mehrfachen Rollen eines Unternehmers werden wahrscheinlich am besten in einem Kommentar über Walt Disney (einem vollkommenen Unternehmer aus sich selbst heraus) von einem seiner Mitarbeiter widergespiegelt: „Es gibt eigentlich drei verschiedene Walts: den Träumer, den Realisten und den Kritiker." Erfolgreich sein bedingt die Koordination dieser drei Perspektiven – Träumer, Realist und Kritiker. Der Träumer ist notwendig, um neue Ideen und Ziele zu formulieren. Der Realist ist nötig, um Ideen in konkrete Ausdrucksformen zu transformieren. Der Kritiker ist notwendig als ein Filter und eine Stimulation für Verfeinerungen.

Wie David Guo es herausstellt: „Ein Unternehmer muss ein ewiger Optimist sein, aber genauso ein Pragmatiker. Der Optimist sagt, ‚Ich kann das jederzeit tun', aber der Pragmatiker sagt: ‚Wenn ich dies nicht bis zu einem bestimmten Zeitpunkt tue, verpasse ich das Zeitfenster.' Der Unternehmer muss ebenfalls den Kritiker beachten und Feedback willkommen heißen. Den Kritiker zu respektieren bedeutet auch ‚von den Fehlern anderer zu lernen, nicht nur von den eigenen'."

Die meisten Menschen haben Stärken in einem Bereich: Sie sind entweder Träumer oder Realist oder Kritiker. Die Tools und Methoden des Success Factor Modeling™ können angewendet werden, um alle drei Fähigkeiten zu entwickeln und um sicherzustellen, dass sie in einer ausgeglichenen Weise benutzt werden, und um alle für den Erfolg als Unternehmer wichtigen Perspektiven einzubeziehen. Der Success Factor Modeling™-Prozess stellt spezifische Methoden und Werkzeuge für aufstrebende Wachstumsfirmen zur Verfügung, um sowohl Geschäftsmethoden als auch Verhaltensfähigkeiten zu entwickeln, um zu wachsen und erfolgreich zu sein. Einige dieser Schlüsselfaktoren sind in der folgenden Tabelle zusammengefasst.

Die SFM Success Factor-Matrix™

Erfolgsfaktoren der Geschäftsmethoden	Verhaltens-Erfolgsfaktoren – Fähigkeiten
⇢ ein effektiver Business-Plan ⇢ fokussiert Marktmöglichkeiten ⇢ verschiedenartige und glaubwürdige Ertragsmodelle ⇢ eine balancierte Firmenstruktur (z.B. Grundkapital und Anreize) ⇢ ein aggressiver, flexibler und realistischer Finanzierungsplan ⇢ geeignete Bereitstellung des Kapitals ⇢ stimmiges Outsourcing und Partnerschaften ⇢ überzeugende Unternehmenspräsentation ⇢ wertvolle strategische Allianzen (synergetisch und vorteilhaft) ⇢ ein Team, das qualifiziert, balanciert, zusammenhaltend, motiviert und mit Leib und Seele dabei ist ⇢ signifikante Verkäufe und Erlöse ⇢ eine optimierte Ausstiegsstrategie (profitabel für Investoren)	⇢ eine klare und motivierende Vision formulieren ⇢ die Vision auf den Markt beziehen ⇢ die Vision mit Aktionen verbinden und ein umsetzbares „Mission Statement" formulieren ⇢ Kernwerte und -identiät der Firma identifizieren ⇢ die Unternehmens-Vision und den Aktionsplan artikulieren und kommunizieren ⇢ Vertrauen in die Vision wecken ⇢ eine effektive Analyse aus der Zweiten Position von: → Kunden → Partnern → Investoren → Angestellten ⇢ Herausforderungen bewältigen und positive Nebeneffekte finden ⇢ Begeisterung für die Vision im Team wecken ⇢ Kreativität und Innovation in sich selbst und anderen anregen und fördern

Die Anwendung des Success Factor Modeling Prozesses findet in mehreren Etappen statt:

1. **Evaluation** – umfassende Beurteilung der Firma in Bezug auf die SFM Success Factor Matrix™.
2. **Unternehmensberatung** – Empfehlungen machen; Pläne vorschlagen; die Richtung festlegen.
3. **Coaching** – Training; Richtlinien, Tools und Feedback zur Verfügung stellen; interagierend und teilnehmend helfen, das Ziel zu erreichen.
4. **Beschaffung von Ressourcen und Allianzen** – den Durchlauf des Geschäftsabschlusses für Investitionen sicherstellen; Anwerbung von Team-Mitgliedern.
5. **Mentoring** (Betreuung) – Rat erteilen; im Direktorium vertreten sein; strategische Vorschläge machen; an Werte und Zielsetzung erinnern; auf das „größere Bild" fokussieren; „Sounding Board" sein.

Obwohl es nicht möglich ist, den Erfolg in jeder unternehmerischen Bemühung zu garantieren, gibt es entscheidende Erfolgsfaktoren, die sicherstellen, dass Unternehmer vorbereitet sind, den besten Nutzen aus den Gelegenheiten, die sich für sie auftun, zu ziehen. Der Success Factor Modeling™-Prozess bietet neuen Unternehmen einen maßgeblichen Vorsprung, um ihre besten Möglichkeiten zu erreichen.

„Glück ist das Zusammentreffen von Vorbereitung und Gelegenheit." Thomas Jefferson meinte beispielsweise, dass er „ein sehr glücklicher Mann" sei; und stellte ebenfalls fest, wie bemerkenswert es war, dass je härter er arbeitete, er umso „mehr Glück" hatte. Die Implikation dieser Aussage von Jefferson ist: Sie können Ihr Glück nicht „machen", aber Sie können sich in Situationen bringen, in denen es wahrscheinlicher ist, auf günstige Gelegenheiten zu treffen. Neue Wege öffnen sich, wenn man aktiv bleibt. Gelegenheiten tun sich auf, wenn man mit anderen Menschen kommuniziert. Viele Unternehmer werden sich erinnern: An einem Tag haben Sie ein schreckliches Meeting und würden am liebsten aufgeben. Am nächsten Tag treffen Sie zufällig jemanden auf der Straße, der jemanden kennt, der genau die Person ist, die Sie brauchen, um all Ihre Pläne zu verwirklichen.

Mark Fitzpatrick hebt hervor: „Sie können Dinge nicht zwingen einen bestimmten Verlauf zu nehmen, aber wenn Sie aktiv bleiben, können Sie Dinge tun, um Ihre Erfolgschancen zu verbessern. Ihre Vision fokussiert Sie darauf, Gelegenheiten zu erkennen und sie nicht auszufiltern. Um erfolgreich zu sein, müssen Sie Schritte unternehmen, um sich zu verbessern, und fortwährend nach Gelegenheiten Ausschau halten."

Literatur

Dilts, R.B. et al.: *Strukturen subjektiver Erfahrung. Ihre Erforschung und Veränderung durch NLP.* Paderborn: Junfermann ^{6}2003

Dilts, R.B. et al.: *Identität, Glaubenssysteme und Gesundheit. Höhere Ebenen der NLP-Veränderungsarbeit.* Paderborn: Junfermann ^{5}2006

Dilts, R.B.: *Einstein. Geniale Denkstrukturen & Neurolinguistisches Programmieren.* Paderborn: Junfermann ^{3}2005

Dilts, R.B.: *Die Veränderung von Glaubenssystemen. NLP-Glaubensarbeit.* Paderborn: Junfermann ^{4}2006

Dilts, R.B.: *Kommunikation in Gruppen & Teams. Lehren und Lernen effektiver Präsentationstechniken.* Paderborn: Junfermann ^{2}2000

Dilts, R.B. & McDonald, R.: *Und dann geschieht ein Wunder ...* Paderborn: Junfermann ^{2}2004

Dilts, R.B.: *Modeling mit NLP. Ein Trainings-Handbuch zum NLP-Modeling-Prozeß.* Paderborn: Junfermann ^{2}2003

Dilts, R.B.: *Die Magie der Sprache.* Paderborn: Junfermann ^{3}2008

Dilts, R.B.: *Professionelles Coaching mit NLP. Mit dem NLP-Werkzeugkasten geniale Lösungen ansteuern.* Paderborn: Junfermann 2006

Dilts, R.B. et al.: *Know how für Träumer. Strategien der Kreativität.* Paderborn: Junfermann ^{2}2000

Dilts, R.B.: *Von der Vision zur Aktion. Die Erschaffung einer Welt, der die Menschen zugehören wollen.* Paderborn: Junfermann 1998

Dilts, R.B. & Bonissone, G.: *Zukunftstechniken ... zur Leistungssteigerung und für das Management von Veränderungen.* Paderborn: Junfermann 1999

6. Anhang – nützliche Lese- und Anwendungshilfen

6.1 Checklisten und Tools im Überblick

Im ganzen Buch gibt es eine Reihe von Checklisten, Sammlungen, Übungen und Graphiken, die hier zur leichten Übersicht für Sie, liebe LeserInnen, nach Kapiteln und mit Seitenangaben versehen zusammengestellt sind.

6.2 Glossar

Anker, ankern – Ein Anker ist ein bestimmter äußerer Reiz, der eine dazugehörige Reaktion bei dem individuellen Menschen auslöst. Ankern bedeutet, eine solche Verbindung bewusst und zum eigenen Nutzen oder dem eines Coachees herzustellen. Zum Beispiel kann eine Führungskraft oder ein Verkäufer in dem Moment, in dem er sich beim Präsentieren besonders gut fühlt, unauffällig eine Hand zusammendrücken. Dies ist dann der kinästhetische Anker für das gute Gefühl. In einer neuen Situation kann er danach den Anker auslösen, um sich gut zu fühlen.

Change History – ist eine NLP-Veränderungstechnik, mit der heutige Probleme, die ihren Ursprung in der Vergangenheit haben, gelöst werden.

Change Tools – ist ein Sammelbegriff für alle NLP-Veränderungstechniken.

Coach & Coachee – der Coach ist der Berater und der Coachee derjenige, der sich beraten lässt.

Feintuning – ist eine Methode zur Optimierung des Verhaltens, die auf einer sehr *feinen*, nicht wertenden Beobachtung des eigenen Problemverhaltens oder des gewünschten Verhaltens bei anderen beruht.

Fluff & Mega Fluff – Dies sind Begriffe für die Ebenen der Sprachgenauigkeit. Fluff ist in etwa der Bereich unserer Umgangssprache. Mega Fluff ist eine abstrakte Sprache, die sehr viel Interpretationsspielraum offen lässt.

Kalibrieren – ist das „Eichen" der Wahrnehmung auf die Ausdrucksweise und Körpersprachen eines Gegenübers.

Kinesiologie – ist eine heute sehr gut in ihrer Wirksamkeit belegte Methode, die auf der Erkenntnis beruht, dass alle möglichen inneren und äußeren Einflüsse (Gedanken, Aussagen, Nahrungsmittel, Kleidung, Schmuck, Bilder, Menschen etc.) sich positiv oder negativ auf die Stärke unserer Muskeln auswirken. Deshalb können Muskeltests zur positiven oder negativen Bewertung von Themen und Einflüssen benutzt werden. Dies wird unter anderem beim Wingwave-Coaching genutzt.

Konditionieren – ist das Einüben eines neuen Verhaltens durch Wiederholung. So wird der Begriff im NAC (Neuroassoziatives Konditionieren) von Anthony Robbins verwendet. Grundsätzlich bedeutet es die Verbindung eines Reizes mit einer Reaktion.

Leading – heißt führen und meint dies auch, hier insbesondere in Gesprächssituationen.

Mentaler Fokus – ist die momentane, bewusste (oder halbbewusste) Denkrichtung eines Menschen.

Meta-Programme – sind Denkstrukturen und -Vorlieben von Menschen.

Modelling – bezeichnet die Analyse eines besonders guten und geschätzten Verhaltens oder Vorgehens bei einem bestimmten erfolgreichen Menschen mit bestimmten Beobachtungskategorien. Danach werden die erfolgreichen Vorgehensweisen anderen Menschen oder Kollegen zur Verfügung gestellt, damit sie sie für ihren eigenen Erfolg erlernen können.

New Behaviour Generator – ist eine NLP-Technik zum Setzen und Verbessern von mittelfristigen Zielen.

Pacing – heißt übersetzt „mit dem anderen mitgehen". Dies kann man durch Angleichen der Körpersprache oder der gesprochenen Sprache. Echtes Mitgefühl ist ebenfalls Pacing. Außerdem kann man alle natürlichen Gemeinsamkeiten, die zwei oder mehrere Menschen miteinander teilen, als Pacing bezeichnen.

Phobietechnik – ist eine NLP-Technik zur schnellen Beseitigung von (starken) Ängsten.

Physiologie – ist der körperliche und emotionale Gesamtzustand einer Person, den man mit Hilfe der Beobachtung von dessen Haltung, Bewegung, Gesichtsausdruck, Atmung und Durchblutung einschätzen kann.

Präzisionsmodell – beinhaltet fünf Fragearten, mit denen man verschiedene gedankliche und ausgesprochene Unklarheiten oder Fehler aufklären kann.

Sensorisch genau – ist die Sprache eines Menschen dann, wenn der Zuhörer sich dabei genau vorstellen kann, wie die beschriebene Sache, Person, Situation aussieht, sich anfühlt, anhört, riecht oder schmeckt.

Separator – ist ein Unterbrecher in einer (Gesprächs-)Situation, nach dessen Anwendung sich der Zustand/die Physiologie der Beteiligten deutlich verändert bzw. verbessert.

Six-Step-Reframing – ist eine NLP-Veränderungstechnik, mit der „hartnäckige" unerwünschte Verhaltens- und Erlebensweisen geändert werden können.

S/L-Prinzip – bezeichnet die grundsätzliche „automatische" Orientierung von Menschen und Lebewesen hin zu allem, was das Überleben sichert und verbessert (hin zur Lust), und weg von allem, was das Überleben in Wahrheit oder auch vermeintlich bedroht oder einschränkt (weg vom Schmerz).

Submodalitäten – sind die genaueren Einzelheiten unserer Wahrnehmungen mit unseren fünf Sinnen.

Swish & Radiertechnik – sind besonders schnelle Veränderungstechniken, bei denen man die innere Vorstellung zu einem Problem mit starken und wiederholten Veränderungen dieser Vorstellung zerstört oder drastisch verbessert. Wenn man sich über jemanden geärgert hat, kann man das innere negative Bild von der Person mit schnellen Wiederholungen weit weg ins Nichts verschwinden lassen und gleichzeitig ein schönes, liebenswürdiges Vorstellungsbild von der Person dicht und groß vor die eigenen Augen projizieren lassen.

Testabschlüsse – sind meist offene Fragen, die man zu bestimmten Zeiten (Anfang, Mitte, gegen Ende) eines Verkaufsprozesses dem Kunden/Interessenten stellt, um möglichst genau zu wissen, wie konkret er am Kauf der Sache oder Dienstleistung interessiert ist.

Trance – ist ein entspannter, meist positiver und nach innen gerichteter Bewusstseinszustand, in dem man innere Veränderungsprozesse besonders gut vornehmen kann. Es gibt aber auch Alltagstrancen und Problemtrancen, die nicht positiv sind.

VAKOG – steht für visuell, auditiv, kinästhetisch, olfaktorisch, gustativ. Dies sind unsere fünf Sinne bzw. Wahrnehmungskanäle. Zur Abkürzung wird auch VAKO für dasselbe benutzt.

Verhandlungsmodell – ist eine NLP-Veränderungstechnik, bei der ein Konsens zwischen zwei sich blockierenden oder störenden Verhaltensweisen eines Menschen gefunden wird. So kommen beide schließlich zu ihrem Recht. Diese Methode kann auch zur Konfliktlösung zwischen Personen oder Gruppen genutzt werden.

6.3 Literatur

Besser-Siegmund, C. & Siegmund, H.: *EMDR im Coaching. Wingwave: Wie der Flügelschlag eines Schmetterlings.* Paderborn: Junfermann [2]2005

Besser-Siegmund, C., Dierks, M.-L. & Siegmund, H.: *Sicheres Auftreten mit wingwave-Coaching. Punktgenaues Emotionsmanagement bei Auftrittsangst.* Paderborn: Junfermann 2007

Brinkmann, M.: *Simply Your Best. Zustandsbalance – erfolgreiches Selbstmanagement für jeden Tag.* Zürich: Orell Füssli 1999

Brinkmann, M.: *Strategieentwicklung für kleine und mittlere Unternehmen: Tools, Konzepte, Praxisbeispiele.* Zürich: Orell Füssli 2002

Brinkmann, M.: *Unterwegs zur Vollkommenheit. Rolfing und NLP – Körper und Geist.* Paderborn: Junfermann [2]1991

Brinkmann, M.: *Verkaufen ist viel zu wichtig, um es der Verkaufsabteilung zu überlassen.* Zürich: Orell Füssli 2000

Dietz, I. & Th.: *Selbst in Führung. Achtsam die Innenwelt meistern. Wege zur Selbstführung in Coaching und Selbst-Coaching.* Paderborn: Junfermann 2007

Dilts, R. B.: *Kommunikation in Gruppen und Teams. Lehren und Lernen effektiver Präsentationstechniken. Angewandtes NLP.* Paderborn: Junfermann [2]2000

Dilts, R. B.: *Modeling mit NLP. Ein Trainings-Handbuch zum NLP-Modeling-Prozess.* Paderborn: Junfermann [2]2003

Doppler, K. & Lauterburg, Ch.: *Change Management: Den Unternehmenswandel gestalten.* Frankfurt/M.: Campus [11]2005

Goleman, D.: *Emotionale Intelligenz.* München: Dtv 1997

Gross, D.: *Der Universalschlüssel: Zur Meisterschaft deines Selbst.* Simbach: Rudolf Vierlinger 1994

Robbins, A.: *Das Robbins Power Prinzip.* Berlin: Ullstein 2004

Robbins, A.: *Grenzenlose Energie – Das Power Prinzip. Wie Sie Ihre persönlichen Schwächen in positive Energie verwandeln.* München: Heyne 1993

Schmidt-Tanger, M. & Stahl, Th.: *Change-Talk. Coachen lernen! Coaching-Können bis zur Meisterschaft.* Paderborn: Junfermann [2]2007

Schmidt-Tanger, M.: *Gekonnt coachen. Präzision und Provokation im Coaching.* Paderborn: Junfermann [2]2006

Schmidt-Tanger, M.: *Veränderungscoaching. Kompetent verändern. NLP im Changemanagement, im Einzel- & Teamcoaching.* Paderborn: Junfermann [3]2005

Sprenger, R. K.: *Aufstand des Individuums. Warum wir Führung komplett neu denken müssen.* Frankfurt/M.: Campus [2]2000

Sprenger, R. K.: *Mythos Motivation: Wege aus einer Sackgasse.* Frankfurt/M.: Campus [18]2007

Stöger, G.: *Wie führe ich meinen Chef?* Zürich: Orell Füssli [6]2005

Wheatley, M. J.: *Quantensprung der Führungskunst.* Reinbek: Rowohlt 1997